# LA FERME DE L'ORANGE

## Et

# HÉVA.

## A LA MÊME LIBRAIRIE.

**Publications récentes :**

# LES VIVEURS DE PARIS,

Par le Vte Xavier de Montépin,

Ouvrage entièrement inédit ;

1<sup>re</sup> PARTIE : **Un Roi de la Mode**............ 3 vol. in-8.
2<sup>e</sup> PARTIE : **Le Club des Hirondelles**....... 4 vol. in-8.

# ANDRÉ CHÉNIER,
Par Méry,
Ouvrage complet. — 3 vol. in-8.

## LES COULISSES DU MONDE.
# L'HÉRITAGE D'UNE CENTENAIRE,
Par le Vte Ponson du Terrail. — 3 vol. in-8.

# LA PRINCESSE PALLIANCI,
Par le Baron de Bazancourt. — 5 vol. in-8.

# L'AMANT DE LA LUNE,
Chef-d'œuvre de Paul de Kock.

# HÉVA, LA FLORIDE ET LA GUERRE DU NIZAM,
Chefs-d'œuvres de Méry,
3 vol. in-18, format anglais. — Prix 7 fr. 50 c.

# LA BARONNE TRÉPASSÉE,
Par le Vte Ponson du Terrail,
3 vol. in-8.

# REVUE DES VOYAGES,
à 6 francs par an,
Rédacteur en chef : M. Emmanuel Gonzalès.

---

Paris, Imp. de Paul Dupont, rue de Grenelle-Saint-Honoré, 45.

ŒUVRES DE MÉRY.

## LA FERME DE L'ORANGE

ET

# HÉVA

PRÉCÉDÉE

D'une Étude littéraire sur Méry

PAR GEORGES BELL.

PARIS
BAUDRY, LIBRAIRE-EDITEUR,
32, RUE COQUILLÈRE, 32.

1853

# INTRODUCTION.

Il y a des livres qui, dans la vie des peuples, marquent certaines phases de la civilisation et expliquent mieux une époque que les plus longues théories. Après les guerres de la République et de l'Empire, après les émotions terribles de la rue et du champ de bataille, la France avait soif de repos et de récréations douces, de ces tranquilles jouissances intellectuelles que la paix seule peut donner aux nations. Vainement l'Empire chercha-t-il des hérauts pour proclamer sa gloire. Le bruit des fanfares guerrières prolongées durant vingt années consécutives chasse les muses effrayées; l'odeur de la poudre leur convient moins que le parfum de la fleur agreste. Il faut de doux loisirs au poète pour qu'il entonne son dithyrambe; dans les jours belliqueux, tout l'enthousiasme se réfugie aux camps.

Ainsi est expliquée l'effervescence poétique qui s'empara de toutes les têtes et de tous les cœurs pendant les quinze années de la Restauration. Tous ces jeunes hommes brûlés de cette flamme intérieure, qui avait poussé leurs pères à suivre le drapeau national dans ses courses aventureuses à travers l'Europe, ne trouvèrent pour épandre ces ardeurs militantes d'autres champs de bataille ouverts que ceux de la littérature. Novateurs intrépides, ils s'élancèrent avec une hardiesse sans égale à la conquête des formes nouvelles qui devaient régénérer l'art parmi nous. Il y eut des luttes formidables, des chocs d'où jaillit enfin la lumière qui rayonne, comme un autre soleil, sur la littérature de notre temps et lui assure une place brillante et décisive dans l'Histoire de l'art. Poésie, théâtre, roman, histoire, peinture, musique, tout fut transformé, et grâce à ces vigoureux athlètes le xixe siècle peut être marqué comme un des plus glorieux de l'humanité.

Après la Révolution de juillet, ce mouvement fut continué avec une intensité nouvelle et doublé encore par la force qu'il puisait dans le point d'appui trouvé dans cette Révolution même.

S'il nous fallait citer tous les chefs-d'œuvre éclos durant cette période, nous n'aurions ici que l'embarras du choix. Les noms, qui parvinrent alors à la célébrité, sont encore pour la plupart dans toute la pleine jouissance de leur gloire; et les générations qui ont grandi à côté des anciennes ont profité des modèles nouveaux sans les effacer. Bien plus, pour la première fois peut-être, la mission de l'artiste s'éleva à la hauteur d'une mission sociale. L'éparpillement des lumières a multiplié le public en permettant à tous, au plus humble comme au plus grand, de chercher aux mêmes sources la récréation, l'enseignement, la consolation de son esprit. On n'a plus écrit pour quelques hommes choisis et presque connus. Les livres se sont adressés à tous ceux pour lesquels la chose écrite n'est point une lettre morte ; la langue française portée jusqu'aux confins du monde par nos armées victorieuses est devenue le grand truchement de l'humanité, et nos littérateurs ont été les littérateurs de l'univers. Aussi dans ce besoin de déplacement et de locomotion qui signale un autre côté de notre temps, quand l'écrivain fait comme tout le monde et quitte sa maison pour aller visiter les cités étrangères, n'est-il pas rare qu'au coin d'une rue, à cinq cents lieues de son pays, il rencontre l'affiche du spectacle qui annonce la représentation de sa pièce dernière, sous les vitrines du libraire le livre qu'il vient de publier. Heureux privilége, que celui qui décuple ainsi la gloire à l'infini et répand partout comme une manne féconde les fruits de l'intelligence !

Il est vrai que jamais, autant que de nos jours, nos écrivains n'ont aussi bien mérité cette douce récompense par la portée civilisatrice qu'ils ont su imprimer à leurs œuvres ! Jamais, quoi qu'on en ait pu dire, autant de livres frappés au coin d'une haute moralité ne sont sortis des presses françaises. Les exceptions ne nous regardent pas ; mais pour tous les esprits de bonne foi, il est incontestable qu'en aucun temps, chez aucun peuple, les hommes de lettres n'ont mieux compris l'espèce de sacerdoce qu'ils exercent en écrivant, soit pour amuser, soit pour instruire. Grâce à eux, le livre léger, le roman a pu pénétrer jusqu'au foyer domestique, la mère a pu sans crainte en permettre la lecture à sa fille et sans crainte encore a pu l'initier aux jouissances des jeux de la scène.

Entre tous, à la poursuite de ce but élevé s'est toujours fait remarquer M. Méry. Si nous voulions écrire son éloge, nous n'aurions qu'à détacher et à recoudre ici les pages que M. Alexandre Dumas lui a récemment consacrées dans ses *Mémoires*. Jamais plus nobles et plus touchantes paroles ne sont tombées de plus haut. Mais notre intention est de ne nous occuper ici que de l'écrivain et de marquer la place que les livres que nous publions aujourd'hui occupent dans les œuvres de l'auteur.

M. Méry était déjà célèbre quand les luttes littéraires de la Restauration redoublèrent de vigueur et d'âcreté à propos des premiers ouvrages que l'École nouvelle présenta au théâtre. Il fut acteur dans ces combats qu'il fallut livrer aux premières représentations d'Henri III et d'Hernani. Seul à cette époque, ou à peu près, il représentait les novateurs dans le camp des hommes qui réclamaient la liberté dans le domaine politique et ne la voulaient point dans le domaine de l'art. Les poèmes les satires, les odes, les épîtres, les épopées qu'il signa ou fit, sans y mettre son nom, avec M. Barthélemy portaient cette double empreinte de concorder quant au fond avec les idées du libéralisme de ce temps, quant à la forme avec le style de la jeune génération. Cette collaboration dura jusqu'en 1832, et ce n'est pas une des choses les moins curieuses de notre temps que de voir si longtemps ces deux esprits courbés sur la même besogne et apportant chacun à leur tâche les qualités diverses de leur talent. Qu'on ne s'étonne pas cependant si nous passons légèrement sur ces premières œuvres qui suffiraient à illustrer une autre vie : Ces livres sont signés de deux noms et, quoi qu'on en ait pu dire, on y rencontre la trace de deux mains. Si donc nous voulons trouver Méry, l'écrivain poète, romancier, dramaturge, connu et aimé de tous, c'est dans sa seconde phase que nous devons le chercher et avant toute chose dans ses romans.

Le *Bonnet Vert* est le premier ouvrage en prose de cet écrivain célèbre. C'est une étude sur cette question éternellement à l'ordre du jour, de la peine de mort, étude prise sur le vif, saisissante d'intérêt, forte et mûre, comme l'œuvre d'un profond moraliste. Nous croyons savoir qu'à cette heure même il se prépare une édition nouvelle de ce livre, dont vingt années n'ont pu effacer l'actualité. Si les bagnes disparaissent aujourd'hui, si certaines parties de notre code pénal se réforment, qu'on ne s'y trompe pas, les livres comme le *Bonnet Vert* auront puissamment contribué à ces succès de la civilisation.

Après le *Bonnet Vert* vinrent les livres sur l'Italie.

Cette noble terre était alors en Europe à peu près le seul lieu d'asile ouvert à la plupart des membres dispersés de la famille Napoléon. Rome, qui seule sait avoir dans ses pierres mutilées par tous les martyres des adoucissements à toutes les douleurs, Florence, toute pleine de monuments des arts, Venise, enchaînée dans ses lagunes, abritaient sous les marbres vénérables de de leurs palais ces illustres exilés. M. Méry, dévoué de cœur, presque d'instinct à cette famille, dont il avait chanté la gloire dans tous ses vers, alla porter les consolations de la poésie à ces augustes infortunes. A Rome il vit la mère de l'empereur, à Florence le roi de Westphalie et celles qui avaient été reines de Naples et d'Espagne. Il vit aussi ces jeunes hommes et ces jeunes filles qui grandissaient dans l'exil, au milieu des merveilles de la nature et des arts, sans pouvoir oublier un seul jour, un seul instant la patrie absente.

Pendant qu'il accomplissait son pieux pèlerinage, le poète de l'épopée impériale était loin de négliger les intérêts de l'art. L'Italie était le pays de ses rêves d'enfant. Nature d'élite, s'il en fut, intelligence ouverte à toutes les manifestations du beau, il allait de Gênes à Florence, à Venise, à Sienne, à Pise, à Rome, à Naples, admirant les ruines de l'antique architecture romaine et les chefs-d'œuvre du Moyen-Age et de la Renaissance, visitant les ruines, les musées, les églises, les galeries princières, aujourd'hui, devant la Vénus de Médicis, demain, devant le Démosthène du Vatican, aujourd'hui, à la Tribune de Florence, demain, devant la Transfiguration de Raphaël ou la Communion de saint Jérôme du Dominiquin ; longeant ou traversant toute la chaîne des Apennins pour entendre les merveilleuses mélodies qui chaque soir enchantent les oreilles et font rêver les cœurs à la Pergola, à la Fenice, à San-Carlo, à Valle ; et sur sa route trouvant toujours le temps de donner un regard admiratif aux rondes-bosses de Lucca-della-Robbia, à la *Bacchante* de Bartolini, aux tombeaux de Jules II et de Paul Borghèse, aux statues de Philippe Carlone, aux marbres de Canova.

L'Italie est une terre fertile entre toutes. On a beau la parcourir et la reparcourir encore dans tous les sens, jamais on ne l'a assez vue pour dire qu'aucune de ses merveilles ne vous a échappé. M. Méry rapporta de son voyage des notes précieuses avec lesquelles il écrivit d'abord *les Scènes de la vie Italienne,* qu'il publia aussitôt après son retour ; un roman que, pour la première fois, on lut dans la *Revue de Paris, Un Amour dans l'avenir,* dont le succès grandit encore à son apparition en librairie, et dont les éditions nouvelles prouvent qu'il n'est pas de ceux qui passent avec la mode du jour, puis un grand nombre de nouvelles, *Van-Dick au palais Brignola, les Adeptes de l'Immortalité, l'Ame Transmise,* qui parurent successivement dans les recueils périodiques, politiques et littéraires du temps. Plus tard, à plusieurs fois, et toujours avec amour, M. Méry est revenu aux impressions que lui avait laissées ce voyage, et ces préoccupations nous ont valu, tantôt la *Comtesse Hortensia,* tantôt *Saint-Pierre de Rome* ou *le Concierge du Vatican*, et ce magnifique roman en six volumes, le le dernier qu'ait écrit M. Méry, la *Juive au Vatican* ou *Amor e Roma*, le livre le plus complet et le plus exact que nous ayons sur Rome et l'Italie. Enfin, c'est encore avec les découvertes précieuses qu'il fit dans les bibliothèques Vaticanes que M. Méry a pu écrire *France et Orient*, ce monument élevé à la gloire de Saint-Louis et de tous les chrétiens qui prirent la croix pour accompagner le roi de France marchant à la délivrance du tombeau du Christ.

Tous ces travaux ont été accomplis avec ce soin minutieux, cette exactitude de détails qui sont comme le cachet propre des livres de M. Méry. Dans tous on rencontre au milieu des incidents divers d'un drame émouvant et sous le charme de ce style merveilleux particulier à l'auteur, qui dès le début vous entraîne et vous ravit, partout, disons-nous, on rencontre même sous une apparence légère la préoccupation intérieure qui donne au livre sa portée et fait de l'œuvre la plus futile une œuvre de haut enseignement. Nulle autre terre au monde n'a été plus que l'Italie féconde en grands génies de toutes sortes; nulle part on ne trouve à chaque instant sur ses pas, comme chez elle, tant et de si beaux monuments des arts modernes, tant et de si imposantes ruines des anciens jours. Nulle terre n'a plus pensé, n'a plus chanté, n'a plus aimé, n'a plus souffert; et chacune de ses pensées, chacun de ses amours, chacune de ses souffrances est inscrite sur le marbre ou dans le livre plus durable que le marbre et l'airain. Dans tout ce qu'il a écrit sur l'Italie, M. Méry a cherché à faire intimement pénétrer dans ces couches diverses, qui forment les lecteurs du xixe siècle, les idées d'élévation et de consolation suprême, de vraie et grande philosophie qui s'emparent de l'homme à la vue de ces spectacles inouïs. Pour lui, l'Italie entière est un musée, une école, un temple, et si, dans les différentes périodes de sa vie littéraire, il est toujours revenu avec amour dans ces lieux augustes, c'est qu'on ne saurait jamais assez nous prémunir contre les petites faiblesses qui sans cesse assaillent l'homme dans tous les rangs et dans tous les âges. Du pied des Alpes au golfe de Naples, l'Italie conseille la grandeur et la résignation. Cette terre a tout vu, la plus sublime gloire et l'humiliation la plus abjecte ; et après tous les martyres, toutes les violences qu'elle a subies de tous les Barbares, ce n'est pas une des moindres choses qu'on puisse trouver en elle que cette sève de nationalité, de patriotisme, de poésie, d'amour du beau et du grand chevillée au cœur et dans le sang de ces illustres élus de la Providence qui se lèvent toujours, grands et purs, pour veiller sur la flamme sacrée et dire sans cesse à l'Italie qu'elle est l'auguste mère des nations modernes !

Quelques années après son retour d'Italie, une chance heureuse de sa fortune conduisit M. Méry en Angleterre.

Ainsi, après avoir vu l'antiquité romaine dans ses plus beaux restes, la Renaissance dans toute sa splendeur, il allait être donné au poète de pouvoir contempler le génie moderne dans toute son efflorescence industrielle et mercantile.

Ces grands centres manufacturiers et commerciaux qui s'appellent Londres, Manchester, Liverpool, Birmingham, M. Méry les visita tour-à-tour. Il parcourut dans toutes leurs parties le Midlesex, le Lancashire, le noir comté de Cornouailles; il vit Oxford et Cambridge; il pénétra même dans les forêts de Galles, et, pour compléter ses études sur le triple royaume, il gravit les montagnes d'Écosse, demandant une hospitalité de quelques heures aux Higlands, et alla s'asseoir et rêver aux bords des lacs d'Irlande. La verte Érinn surtout le séduisait, à cause de ses misères et de ses antiques beautés. Il traversa à pied ses campagnes et les paysages de Dublin, de Limerick, de Belfast avaient laissé dans son esprit une impression si profonde qu'il les fit revivre plus tard avec sa plume magique dans la *Sémiramide*, dans les *Deux Enseignes* et surtout dans *Une Veuve inconsolable*.

Témoin et observateur méticuleux des grandeurs et des misères de cette oligarchie puissante qui cesserait de vivre demain, si la politique et l'industrie étaient bannies de ce monde, il étudia la société anglaise sur le vif, la fit passer au crible de son analyse minutieuse, et dans les livres qu'il publia depuis, les *Mystères d'Udolph*,

*Bonheur d'un Millionnaire*, *Histoire d'une Colline*, *la Famille Dherbier*, *Adrienne Chenevier*, nous la fit voir telle qu'elle est, c'est-à-dire avec ses travaux, ses soucis, ses joies, son incurable marasme. Pour le littérateur, voyager, c'est travailler. Des différentes villes d'Angleterre, d'Écosse, d'Irlande qu'il parcourait, M. Méry envoyait à divers recueils une série de nouvelles qui, à son retour, furent réunies en deux volumes et parurent sous le titre de *Nuits de Londres*. Mais ce n'était là qu'une faible partie du travail qu'il méditait sur l'Angleterre. De ce pays, comme d'Italie, il devait rapporter des impressions ineffaçables, qui, plus tard, suivant l'heure, devaient se traduire en livres.

C'est au milieu des Anglais, immergé, pour ainsi parler, dans cette activité prodigieuse qui transforme tout un pays en un chantier immense que M. Méry conçut le plan d'un vaste ouvrage, le *Chrétien Errant*, titre général sous lequel devait paraître un jour la trilogie dont nous publions aujourd'hui une édition nouvelle, *Héva, la Floride* et *la Guerre du Nizam*.

Un homme qu'une mort violente a enlevé trop tôt aux lettres dont il était le protecteur, aux littérateurs dont il était l'ami, M. Dujarier régissait alors la partie littéraire du journal *la Presse*. Esprit distingué, vaste et forte intelligence, jugement droit et élevé, goût sûr et épuré, plus que personne au monde, M. Dujarier avait tout ce qu'il fallait pour comprendre la portée immense de l'œuvre nouvelle que méditait M. Méry.

C'était une révolution qu'il s'agissait de tenter. Profitant de ce puissant levier que la liberté de la presse a mis aux mains des écrivains de notre temps, il fallait travailler avec ardeur à un échafaudage paisible de transformation sociale, faire entrer dans le caractère national quelques grains de ce génie aventureux qui est comme une propriété privée de l'Angleterre. Il y avait une grande hardiesse dans cette conception, mais en même temps beaucoup d'élévation et de moralité. M. Dujarier n'hésita pas. Aussi quand l'écrivain communiqua dans une lettre ses idées à l'administrateur, celui-ci entra parfaitement dans ses vues. Il écouta le poète, quand le poète lui dit :

« Il s'agit de s'emparer de toutes les nobles passions de l'homme et de la femme, de tous leurs beaux instincts, de les faire vivre au grand soleil dans le livre, d'encadrer le récit dans ces magnifiques paysages qu'on a abandonnés jusqu'à ce jour, comme un stérile domaine, aux bêtes fauves ; et chaque fois que nous rencontrerons de mauvaises passions ou des instincts mauvais, nous les donnerons aux animaux dont l'histoire se mêlera ainsi sans cesse à l'histoire de l'homme, ce qui nous permettra de leur faire jouer un rôle important dans ces romans nouveaux que je vous propose d'écrire. »

C'était dans une correspondance intime que le romancier communiquait ainsi ses pensées à l'administrateur ; mais l'administrateur prit cette lettre et en fit dans *la Presse* une annonce qui indiquait aux lecteurs la phase littéraire dans laquelle on allait entrer.

Cependant, dès l'abord, il se présenta de grandes difficultés d'exécution. La première et celle qui méritait la plus sérieuse considération venait du public. La presse périodique avait récemment subi de grandes transformations. Les querelles politiques s'éteignaient ; les haines s'effaçaient peu à peu et tombaient dans l'oubli. Une ardeur nouvelle entraînait tous les esprits vers les lettres. Après une incubation féconde, le mouvement littéraire, arrivé à son apogée, portait ses fruits les plus doux. De toutes parts on recherchait avec une vivacité sans égale tout ce qui pouvait plaire, amuser, instruire, séduire le cœur et l'intelligence. Les hommes de lettres ne firent point défaut à ce besoin d'émotions spirituelles qui se manifestait de toutes les façons. Comme toujours ils comprirent dignement leur tâche. Ils écrivirent alors les choses les plus charmantes de la littérature française. Jamais on n'avait vu s'épanouir avec tant de grâce et de profusion les fleurs les plus élégantes et les plus délicates de l'esprit. Les journaux quotidiens, qui jusque-là avaient vécu de polémique et de politique, virent bien que le rez-de-chaussée de leur feuille, quelquefois consacré à la littérature, devait être agrandi. Jusque-là le feuilleton n'avait été qu'un accessoire ; il devint le principal ; il fallut le soigner, s'occuper de lui longtemps à l'avance, compter sur lui pour le renouvellement de l'abonnement trimestriel.

Alors un feuilleton, une simple nouvelle suffit pour

faire sensation, pour conquérir un succès. Les littérateurs mettaient dans ces bluettes tout le charme de leur style, tout le piquant de leur esprit, tout le parfum de leur poésie. Des chefs-d'œuvre sans nombre auxquels on ne peut reprocher que leur brièveté sont éclos à cette époque. On n'en était pas encore venu à cette profusion d'incidents, à ce délayage du sujet qui allonge indéfiniment une histoire et au volume lu ajoute des volumes sans fin. On ne mesurait pas encore l'intérêt au mètre et à la toise, et on laissait à la librairie grave le livre ennuyeux. Il n'en fallait pas tant alors pour éveiller l'attention et captiver les suffrages. Dans le journal surtout on n'osait guère se hasarder à publier des romans dont les arêtes quelquefois un peu vives auraient pu effaroucher le lecteur. Depuis, sans doute, on n'a pas hésité à passer outre ; mais alors on ne pouvait encore espérer ce progrès. — De plus, si les livres de Walter Scott avaient obtenu un grand succès, ils avaient aussi fait éclore une longue et fade série d'insipides histoires mal à propos affublées du nom de roman. Cooper était à peine connu. Comme l'auteur anglais avait chanté l'Écosse, chacun voulait chanter un coin de sa terre natale. Mais ce qui toujours plaisait aux lecteurs, c'étaient les Études de mœurs parisiennes, la Chronique parisienne, l'Anecdote parisienne. Pour Paris, il n'existe qu'une seule ville au monde, Paris ; le reste du globe est la banlieue ; et comme, au demeurant, tout triomphe n'est complet que s'il est sanctionné par Paris, il fallait bien se plier à ses goûts et à ses exigences. A peine voyait-on çà et là quelques hommes de talent lui parler quelquefois de l'Italie et de l'Espagne. Paris les écoutait comme on écoute un enfant gâté ; mais c'était de sa part une pure tolérance. Conquérir le succès devenait un véritable tour de force pour l'écrivain qui se hasardait sur un pareil terrain. M. Méry, dans la piquante et spirituelle préface *en voyage* qu'il a mise en tête de *la Floride*, a dit avec trop de finesse, de tact et de verve joyeuse toutes ces perplexités pour que nous insistions ici davantage. Quant à lui, du moment qu'il était d'accord avec M. Dujarier, une seule chose lui parut nécessaire, réussir.

Pour atteindre sûrement ce but, il songea à se préparer de longue main tous les éléments de succès, le plus important de tous était de former le public, de l'avertir longtemps à l'avance qu'on entrait dans un nouvel ordre d'idées, dans une nouvelle manière de faire. Alors, avant d'entreprendre ses grands ouvrages, M. Méry fit successivement et dans divers recueils paraître des nouvelles, de petits romans, *Anglais et Chinois*, *Bouddha-Var*, etc., qui tous transportèrent de plus en plus le lecteur Parisien hors de sa sphère et l'habituèrent à pouvoir suivre un jour la course aventureuse du *Chrétien Errant*.

Le terrain ainsi sondé paraissait favorable à tout le monde ; le charme du récit, l'originalité des incidents, le pittoresque des mœurs, et surtout cet esprit infatigable que M. Méry sème avec une merveilleuse prodigalité sur tout ce qu'il écrit ne laissèrent pas un instant le succès douteux. Mais, avant de faire *Héva*, l'écrivain voulut encore tenter un dernier essai, frapper un dernier coup, le plus décisif, il publia *la Ferme de l'Orange*. On le voit, ce n'est pas sans un motif spécial et sérieux que nous faisons précéder de cette nouvelle l'édition du *Chrétien Errant* que nous imprimons aujourd'hui. *La Ferme de l'Orange*, en effet, contenait en germe toute la pensée de M. Méry. Elle mettait face à face, en présence notre vieux monde craquant dans son trop plein de civilisation, étouffant dans son réalisme d'usines, de chemins de fer, de monopole industriel et commercial et ces mondes nouveaux avec lesquels il fallait se hâter de s'unir, si l'on ne voulait pas que toute poésie disparût de la terre. De plus, elle montrait comme conclusion ces puissants hyménées qui doivent lier et féconder toutes les fortes races, si l'on veut que les haines achèvent de s'éteindre et que le règne de la paix soit enfin inauguré. Car ce n'est que par le croisement que les idées de mansuétude peuvent entrer dans les veines des peuples. Les sangs qui se mélangent perdent toujours de leur âcreté première. Le succès de cette publication ne fit que confirmer les succès précédents ; dès lors l'heure propice avait sonné ; l'écrivain s'exécuta ; *Héva* parut ; c'était le premier volume de cette trilogie.

C'était après 1840. La société française, de toutes parts travaillée, commençait déjà à sentir les lourdes atteintes de ce marasme qui sapait par la base tous les calculs, toutes les prévisions, tous les raisonnements des prétendus hommes d'État auxquels étaient sans cesse livrés la direction et le gouvernement du pays. Ambitieux sans esprit et sans portée, ils se figuraient gravement qu'avec la satisfaction des appétits matériels on peut constituer la stabilité d'un ordre de choses. Personne ne demandait alors de bouleversement radical. Eux seuls troublaient le repos général par leurs mesquines querelles, par leurs courses aveugles aux portefeuilles, par des concupiscences ministérielles déréglées, concupiscences dont ils ne comprenaient pas même les devoirs. Mais tout le monde était malade ; tout le monde, nonobstant l'agitation fébrile qui signala l'ère des chemins de fer et d'un agiotage effréné, suffoquait au milieu de cette atmosphère lourde ; l'air vital était chaque jour raréfié. Les hommes de lettres seuls sentirent les dangers de cette situation, et leurs œuvres de cette époque marquent les préoccupations sérieuses qui les travaillaient.

Pendant que les hommes d'État cherchaient à donner à la France un mauvais gouvernement de pot-au-feu, les littérateurs eux, faisant pénétrer de toutes parts l'esprit qui vivifie la matière, cherchèrent à ouvrir partout des soupapes de sûreté par lesquelles pussent s'échapper lentement ces ardeurs qui, plus tard et fatalement, devaient faire explosion. Les hommes d'État étaient trop entravés dans les soins de leur propre personne et de leurs étroites ambitions pour comprendre et encore moins pour seconder ces nobles efforts. Que leur importait, en effet, le succès des lettres, l'agrandissement de la France par la gloire pacifique, le développement de la jeunesse, le débouché ouvert aux plus nobles désirs, aux plus légitimes impatiences ? Ils avaient bien autre chose à faire, vraiment ! Les élections n'étaient-elles pas là, toujours menaçantes, si on ne les préparait de longue main pour assurer les portefeuilles à ceux qui les tenaient ?... Et puis ces hommes s'étonnent quand, après sept années de luttes et d'avertissements inutiles, quand, après n'avoir rien fait eux-mêmes pour la prévenir, un beau jour, la catastrophe devenue imminente a éclaté... Il y a bien de quoi !...

A l'apparition d'*Héva* dans le journal *la Presse*, la France n'en était encore qu'aux premiers symptômes de ce mal effrayant. Elle saisit donc avec avidité le remède qui lui était offert sous des formes si séduisantes. Elle se passionna pour ces héros imaginaires ; elle suivit l'auteur dans tous les méandres capricieux de sa fantaisie indienne, le remerciant par le succès chaque jour croissant de son œuvre, des douces heures qu'il lui donnait. Rappeler ces choses, c'est rappeler un souvenir qui n'est sorti de la mémoire de personne. Et cependant combien nous nous trouvions éloignés de ces histoires vulgaires et tristes qui chaque jour se déroulaient sous nos yeux !

Les splendides paysages du Bengale où tout se trouve,

le soleil, les arbres, les eaux, des édifices plus inouïs dans les étranges caprices de leur architecture que les rêves d'un poète, tout ce qu'il y a de plus charmant et de plus terrible ; les grands animaux à côté des grands lacs, des torrents impétueux, des forêts inextricables, des *jungles* mystérieuses, et partout prodiguée sans efforts la belle nomenclature de la puissante Flore indienne ; au milieu l'homme avec des passions ardentes comme le soleil, passions inconnues à nos climats où tout devient étriqué ; et, pour nous représenter, parmi ces races que notre industrie seule a domptées, un Anglais que sauve son bon sens et un Français qui se laisse emporter dans ces régions nouvelles par l'amour d'une femme à toutes les extravagances d'une tête perdue, qui ne connaît rien d'impossible quand il s'agit de faire éclore un sourire sur des lèvres aimées : Voilà le livre. Le drame c'est celui que nous voyons tous les jours : une femme trop belle pour qu'on la laisse en paix à son mari ; une Hélène que trente Ménélas cherchent à ravir à *Mounoussamy*. Mais c'est dans le livre qu'il faut en lire les péripéties ; c'est là qu'il faut suivre la lutte de l'homme contre ceux qui prennent pour auxiliaires les tigres quand ils l'abandonnent au milieu d'une meute déchaînée de ces terribles animaux ; c'est là qu'il faut lire encore cette épouvantable nuit où Gabriel de Nancy étend mort à ses pieds seize tigres avec les peaux desquels il compte faire le tapis de sa chambre nuptiale !

*Héva* était un roman complet, M. Méry pouvait donc

s'en tenir là ; mais ce n'était pas ce qu'attendait le public. Cependant pour mieux aiguillonner l'attention, l'écrivain fit attendre le second roman promis et annoncé, *La Floride* ne parut qu'en 1843.

Ce n'était plus l'Inde, mais c'était encore la nature primitive et inconnue. M. Méry nous introduisait avec ses héros dans le cœur de l'Afrique inexplorée par la côte orientale ; il nous faisait aborder dans un port solitaire creusé par la vague rongeuse et guère connu jusqu'à lui que des échangistes chinois. Le drame de *la Floride* est encore plus simple que celui d'*Héva*. Deux jeunes hommes et une jeune fille arrivent dans un désert habité par une famille patriarcale, un vieillard, un jeune homme et sa sœur. L'amour devait naturellement entrer avec les nouveaux venus sous le toit hospitalier des Jonathen. Mais au cœur de l'Afrique vierge, dans un domaine conquis sur les lions et les éléphants, vous pensez bien que l'amour n'est pas une de ces choses banales et froides comme nous en voyons tant au milieu des brumes et des pluies de notre Nord. Il est grandiose comme la nature qui lui sert de cadre ; il a des bouillonnements et des impétuosités qui nous sont inconnus, et de ces impétuosités mêmes jaillissent les incidents et les péripéties du drame. Ainsi dans la *Floride*, quand Willy croit que sir Edwards est le seul obstacle à son union avec Rita, quand il croit que sir Edwards poursuit la jeune fille d'un amour qui ne saurait être partagé, il faut voir ce mystérieux duel qui se livre au début de la terrible chasse des éléphants, au moment où l'on va attaquer ces monstres dans leur propre domaine!

*La Guerre du Nizam* suivit de près *la Floride*. L'impatience des lecteurs ne permettait plus au poète de calculer minutieusement le jour de l'apparition de son œuvre. On le pressait de toutes parts; bon gré mal gré, il fallait s'exécuter. Avec quelle vivacité on déchirait alors la bande du journal, avec quelle avidité on dévorait dans tous ses détails, dans toutes ses sinuosités cette histoire qui tenait tout le monde en haleine, nul ne l'a oublié. Avant qu'il parût dans *la Presse*, M. Méry avait lu son livre dans un de ces nobles salons lettrés, comme il y en avait alors. On s'était pressé à ces lectures, et cependant l'immense succès qui avait accueilli l'écrivain ne pouvait même faire prévoir celui qui l'attendait au grand jour.

Il est vrai, il faut le dire, que même après *Héva*, même après *la Floride*, jamais plus grandioses scènes n'avaient été déroulées dans un style plus magique. Toute l'Inde avec sa nature, ses temples, ses superstitions, ses fêtes, ses populations de bronze, ses mystères, avait posé devant l'écrivain, et l'écrivain, peintre fidèle, avait tout mis dans son œuvre. Il avait choisi pour thèse un des épisodes les plus terribles de la conquête anglaise, la conspiration des étrangleurs.

Au milieu des plus lugubres scènes de désolation et de mort, les passions humaines, nous parlons des choses du cœur, s'agitent sans cesse. Avec son pinceau fantastique, M. Méry nous fait abandonner un champ de bataille nocturne, pour nous conduire avec son héros, dans une forêt de l'Inde, nonobstant les périls sans nombre qui auraient arrêté dans tout autre moment le plus intrépide, auprès d'une femme dont la sagacité, mise en défaut, par le dandysme charmant de son timide adorateur, s'irrite contre des mystères qu'elle soupçonne et ne devine pas. Maintes fois elle croit avoir saisi le fil qui la guidera dans ces dédales où son imagination se perd, mais toujours ce fil casse avant que sa main ait pu s'en emparer. Sans cesse elle flotte entre l'amour et la haine; bien plus, à une heure fatale cette haine va même presque jusqu'au mépris, et ce n'est qu'au dernier chapitre, au dénoûment qu'elle voit enfin clairement pourquoi tant de précaution l'ont partout entourée et qu'elle y reconnaît la plus tendre, comme la plus délicate sollicitude. Et c'est au milieu des splendeurs d'une fête de nuit, dans les enivrantes heures d'un bal de noces, pendant que les arbres de l'Inde laissent tomber de leurs rameaux épais une mélodie suave comme leurs parfums pour répondre à la plus mélodieuse des voix, que cette formidable guerre livre son dernier assaut, et que les restes des étrangleurs râlent dans leur agonie !

A ce drame qui est l'objet capital du livre en sont enchevêtrés d'autres incidentels; autour de ces passions grondent d'autres passions qui ont permis à l'auteur de développer avec sa façon originale et charmante ses théories favorites sur le croisement des races et sur les avenirs réservés à notre vieux monde quand il aura conclu son mariage avec ces mondes primitifs !

*Héva* n'avait formé qu'un volume, *la Floride* deux, *la Guerre du Nizam* en avait trois. M. Méry avait ménagé son terrain de manière à pouvoir satisfaire les impatiences, en donnant toujours, à mesure qu'il avançait dans son œuvre, un plus large développement, un plus grand théâtre aux passions qu'il faisait mouvoir. Mais après la ruine des étrangleurs sir Edwards Klerbs épousait la comtesse Octavie ; le *Chrétien Errant* arrêtait sa course vagabonde et s'adonnait à la vie de famille. Pour cette fois l'œuvre était donc bien finie, la trilogie était complète.

Nous voudrions parler ici avec détail, si l'espace ne nous manquait, du cadeau magnifique, que, son œuvre finie, fit à M. Méry l'administration du journal *la Presse*. Il fut digne de l'écrivain, du journal et du succès inouï que tous les deux venaient d'obtenir. On fit appeler Morel, et on lui donna les plans d'un encrier monumental. La boîte d'ébène devait être supportée par quatre tigres d'argent massif. Sur les côtés des bas-reliefs d'argent, comme les tigres, et confiés à l'habileté de Klagman, devaient rappeler les principales scènes d'*Héva*, de *la Floride* et de *la Guerre du Nizam*. Au-dessus du vase à l'encre, s'élèverait un petit génie de même métal qui, les ailes déployées, tiendrait dans ses mains une couronne d'or. Sur le socle devait reposer une plume d'honneur. Morel promit de se montrer digne de la confiance qu'on avait en lui, et il tint parole. Quand l'encrier sortit de ses ateliers, avec son bon goût original, sa richesse et son fini d'exécution, il pouvait avantageusement lutter avec les morceaux les plus fins et les plus délicats qui nous restent, sortis des mains de Benvenuto Cellini. On l'a dit avant nous, c'était le chef-d'œuvre de l'orfèvrerie au xix$^e$ siècle.

La plupart des livres qui parurent vers le même temps que la trilogie indienne de M. Méry, montrent à l'homme sérieux qui réfléchit sur les œuvres de l'esprit, les préoccupations qui travaillaient alors la plupart de nos écrivains. De cette époque datent *Consuelo*, avec le charme de ses nuits vénitiennes, *Amaury, Fernand, Vaillance,* tristes histoires du cœur, et ces belles aventures des héros de cape et d'épée du xvii$^e$ siècle, les *Trois Mousquetaires* et *Vingt ans après*. Tous par les séductions du style et de l'imagination cherchaient à distraire la France de cet ennui qui chaque jour la gagnait davantage. Mais loin de seconder ces efforts, le gouvernement sans vergogne auquel était alors livré le pays les voyait avec indifférence, on pourrait presque dire avec jalousie. Il nous menait inconsidérément à grandes guides vers l'inconnu ; et quand, du haut de la tribune, la voix navrée d'un poète lui signalait ce marasme affreux, il croyait, pour nous servir de sa propre expression, devoir rester dans les sublimes hauteurs de son dédain.

Après la *Guerre du Nizam*, M. Méry renonça pour un temps à conduire ses lecteurs dans ces contrées lointaines où se complaît son imagination. Sans abandonner la poursuite de ce but élevé qui est la pensée civilisatrice vivante dans tous ses livres, il vit que, seul, nul littérateur ne pouvait l'atteindre. Alors il changea de tactique, il revint à Paris, et saisissant la société française sur le vif, il la fit passer dans ses livres, tantôt étincelants d'une gaîté folle, tantôt tristes et lugubres comme une autopsie. C'est de cette époque que datent la *Circé de Paris*, *une Conspiration au Louvre*, *un Mariage de Paris*, etc. Les ulcères qui rongent notre société, les vices engendrés par l'argent qui ne se respecte pas, sont peints dans ces ouvrages avec la vigueur et le pittoresque qui conviennent au roman. Mais dans ces livres où le fonds sombre emporte trop souvent l'écrivain, M. Méry sut toujours allier le sérieux de la pensée avec la dignité de la forme. Jamais, quels que fussent les sujets, le style ne descendit à ces vulgarités de locutions qui déshonorent à la fois et une langue et une littérature, et qui de plus pèchent en ceci qu'elles n'attirent pas les régions basses vers les régions élevées, mais au contraire font descendre celles-ci vers les autres. Ce n'est point en parlant le langage corrompu, quoi qu'on en ait pu dire, des couches inférieures de la société, qu'on parviendra à réformer leurs mœurs, et à les initier peu à peu à cette élégance et à cette urbanité de manières qui accompagnent toujours et quelquefois précèdent les progrès de la civilisation et l'adoucissement de toutes les aspérités sociales, sources de tous les vices et de tous les crimes.

Et cependant telle était l'incurie d'un gouvernement qui se disait conservateur dans ces belles années où la paix intérieure et extérieure aurait permis à la sagesse la moins prévoyante d'accomplir toute réforme, de donner à tout une prospérité immense, que la France s'en allait mourante d'épuisement. Les choses en étaient venues à ce point, qu'en 1846, M. Méry ayant, sur des invitations amicales et pressantes, fait une comédie de mœurs actuelles pour le théâtre de l'Odéon, ces vers mis dans la bouche d'une femme charmante délaissée par un mari encombré d'affaires commerciales, furent applaudis par tout ce monde d'élite des premières représentations parisiennes :

>......... L'homme étouffant l'étincelle divine !
> Le saint enthousiasme éteint au fond des cœurs ;
> Les nobles instincts morts, les intérêts vainqueurs ;
> L'antique foi perdue et la femme avilie ;
> L'homme dans les cités agitant sa folie ;
> La lourde activité pire que le sommeil ;
> L'ennui partout ; la brume éteignant le soleil !

Tous ces avertissements s'adressaient à des gens qui ne voulaient pas entendre. Il n'y a pires sourds, dit le proverbe. La catastrophe prévue depuis si longtemps arriva ; et si quelque chose a pu égaler l'aveuglement et l'impéritie de ces hommes si graves, c'est sans doute la surprise et l'effroi qu'ils manifestèrent à ces moments difficiles.

Nous devons borner ici notre tâche. Depuis la révolution de 1848, M. Méry a beaucoup plus écrit pour le théâtre que pour le roman. Cependant nous mentionnerons un livre écrit sur des préoccupations du moment, livre qui a ramené l'auteur dans les pays aimés du soleil et de sa rêverie : *le Transporté*, et ces deux autres romans, *André Chénier* et *Salons et Souterrains*, l'un qui est un monument pieux élevé à la mémoire d'un grand poète, l'autre qui est une de ces histoires parisiennes où la scélératesse se plaît à côtoyer sans cesse le Code pénal.

On l'a dit avant nous : le peintre et le statuaire font le corps, le poète fait l'âme et le cœur. « Les statues de Phidias ont créé le type grec, les madones de Raphaël ont fait les Italiennes du xvi° siècle, Albert Durer est le père de la beauté allemande; sans Watteau et sans Boucher la Régence n'eût pas existé; c'est de l'imagination de sir Thomas Lawrence, esquire, que la femme anglaise est sortie... La pensée est un marteau intérieur qui *repousse* les formes à la manière des orfèvres, et leur donne les creux et les saillies de son imagination... Un auteur compose un livre où il imagine une société à sa guise, trace des portraits et des caractères qui n'existent pas ; les copistes arrivent bientôt et les héros de romans sont traduits en chair et en os. Les Lovelace, les Saint-Preux, les Werther, etc., etc., créés par Richardson, Rousseau et Goëthe, ont servi de patrons à presque tous les jeunes gens à la fin du dernier siècle et au commencement de celui-ci. Nous ne parlons pas des héroïnes, car les femmes sont plus impressionnables encore que les hommes, et leur vie sédentaire les livre sans défense aux séductions de la lecture. » — Ainsi s'est exprimé M. Théophile Gautier, et nous sommes entièrement de son avis. Si M. Méry, et avec lui, comme nous l'avons dit, la plupart des littérateurs contemporains, n'ont pu réussir dans le but qu'ils se proposaient en apportant le secours bienveillant de leurs livres aux vues d'un gouvernement qui aurait été sage et réellement pacificateur, du moins le but éternel de la littérature n'a point été manqué. Les livres du xix⁹ siècle ont déjà formé une jeune société qui saura soutenir et encourager les littérateurs et les poètes à venir. Dans les salons on rencontre des filles d'*Héva* et de la *Comtesse Octavie*. L'esprit du livre est passé dans la causerie intime, et ce n'est pas une des moindres gloires que puisse recueillir l'écrivain.

Georges BELL.

# LA FERME DE L'ORANGE.

# LA FERME DE L'ORANGE.

Les dieux sont partis depuis longtemps ; Dieu est à la veille de son départ ; la poésie est déjà bien loin ; tout ce qui consolait la terre d'être terre va disparaître, ou a déjà disparu.

Il nous restait les Turcs et les Grecs ; nous les avons détruits. Les Grecs se sont faits Bavarois ; les Turcs se sont faits Francs. J'ai vu dans le port de Marseille une corvette intitulée *Fatmé*, mais *Fatmé* écrit comme je l'écris, avec un F véritable, suivi de quatre lettres françaises, comme l'Académie. Ainsi, les Turcs rougissent même déjà de cette belle langue arabe que parlait Adam, et dans laquelle fut dite la première phrase d'amour qu'un homme brun ait adressée à une femme blonde sous les palmiers de l'Éden.

Le culte de la matière est proclamé. Nous aurons trois dieux nouveaux : le gaz, la vapeur et le chemin de fer ; quelle profane trinité ! Nous serons tous fort riches... dans cinquante ans ; la pauvreté sera supprimée ; l'espèce des malheureux sera perdue, comme celle des sphinx et des griffons ; nous nous promènerons tous sur le boulevard Italien, à cinq heures du soir ; nous aurons tous des loges à l'Opéra et une danseuse pour nos entretiens. Vous verrez qu'à force de bonheur et d'ennui, nous regretterons notre malheur et nous reviendrons à la Sainte-Trinité : mais il faudra passer par la fortune et le prosaïsme, ce sera cruel.

Déjà quelques hommes intelligents, et menacés de ce bonheur, cherchaient sur la carte un refuge contre les prospérités de l'avenir. Ils avaient remarqué deux îles vierges de vapeur et de gaz, et immortalisées par de doux et poétiques souvenirs : l'île de Juan Fernandez, chère à Robinson et aux écoliers ; et la *Nouvelle Cythère* de la mer du Sud, où *la pudeur n'avait pas de voile*, comme le pudique abbé Delille le disait de son temps.

Marc Fraizier et Jules Fraizier son frère sont partis du Havre, il y a un an aujourd'hui, pour reconnaître ces îles et y fonder une petite colonie de gens heureux. Ils sont arrivés à Juan Fernandez après trois mois de navigation. Marc disait à Jules avant d'aborder : Rappelle-toi cette belle exclamation de Saint-Preux dans l'*Héloïse* : « *O Juan Fernandez ! ô Julie ! le bout du monde est à votre porte !* » tant les bocages de Clarens étaient délicieux !

En débarquant ils trouvèrent une douane anglaise et des soldats rouges qui se promenaient sous les bananiers du rivage. On leur demanda s'ils avaient de la flanelle de Reims, et des étoffes de Lyon. Ils répondirent qu'ils cherchaient la vertu, le bonheur et la cabane de Robinson Crusoé. On les conduisit chez le schérif.

En effet, les perquisiteurs trouvèrent dans la malle de Marc Fraizier divers objets de manufacture française ; ces objets furent confisqués, et les délinquants furent condamnés à une amende de cent livres et à la déportation.

Les deux frères obtinrent pourtant quelque adoucissement à leur peine. On leur permit de s'embarquer sur le *Fox*, qui mettait à la voile pour Otahiti.

— A quelque chose malheur est bon, disait Marc à son frère Jules ; l'île de Juan Fernandez est tout anglaise, comme la place de *Charing-Cross*. Nous y aurions perdu notre temps et nos études : autant que j'ai pu en juger dans l'heure de notre procès en contrebande, il m'a semblé que cette île avait fait bien du chemin dans la prose, depuis le jour où Thomas Selkirk y naufragea. Si Daniel Foë la revoyait, il gémirait avec amertume. Ce ne sont plus les sauvages qui viennent débarquer sur cette côte pour en dévorer les habitants ; ce sont les habitants qui dévorent les hommes civilisés qui y débarquent. Nous avons été dévorés. Maintenant nous allons aborder tout droit au domaine de la poésie. Nous allons visiter cette île qui a reçu le doux et incomparable surnom de *Nouvelle Cythère*. L'ancienne Cythère n'est plus qu'un rocher de pirates ; elle se nomme *Cerigo*, brute appellation de Forbans ! Cerigo a perdu son temple de marbre et son bois de myrtes. Il n'y a plus que quelques bouquets de tamarins malingres et salés, où les corsaires encensent fort peu leur barbare Vénus. L'amour exilé de la mer classique a cherché un refuge de par le monde ; l'amour a franchi le détroit de Gades ; il a descendu l'Océan Atlantique ; il a doublé le cap de Horn ; il est remonté dans la mer du Sud et a transporté le culte de Cythère sous les palmiers d'Otahiti. C'est là que la pudeur est honnêtement impudique ; c'est là que le désir est satisfait avant de naître ; c'est là que l'écho du mont s'épuise à répéter l'éternel épithalame d'un éternel hyménée ; c'est là que l'amant donne à sa nouvelle épouse un rendez-vous d'amour à trois lieues au large, sur l'écume d'une vague, lit nuptial flottant et embaumé. Oh ! si les hommes connaissaient Otahiti, l'Europe serait déserte, cette île seule serait peuplée, et Dieu serait jaloux de l'univers !

Les deux frères paraphrasèrent ce discours en mille variations ; durant toute la traversée ils souffrirent beaucoup du mal de mer, inventé par la bienfaisante nature pour charmer les ennuis des voyages maritimes. Ils subirent une assez grande quantité de tempêtes, comme cela doit arriver à tous les voyageurs, la mer calme n'existant qu'en poésie. Ils perdirent le gouvernail dans le détroit de Magellan, et faillirent naufrager entre la terre de Feu et celle des Patagons : en remontant vers l'Océanie ils eurent une mer assez bonne, mais ils manquaient d'eau, de biscuits, de viande fraîche et salée; à part ces inconvénients, ils jouissaient du plus beau des spectacles : un soleil radieux, une mer d'azur et infinie, une brise apéritive qui prédisposait merveilleusement aux festins; des soirées d'or et d'écarlate, des nuits étoilées, avec une profusion telle qu'il semblait qu'on assistait toujours au lever de quelques nouvelles constellations. Avec une once de pain et de riz seulement, on aurait vraiment savouré ces richesses de la nature avec délices, mais la nature se contentait d'être riche en étoiles, en nuages d'or et en parfums; elle était trop haut placée pour remarquer une coquille voguant vers l'archipel des îles de la Société. Les voyageurs étendus sur le pont de la coquille se faisaient des adieux funèbres, lorsque le pilote qui venait de manger un potage fait avec son chapeau de castor, signala au nord la nouvelle Cythère. Il en coûte au bonheur pour se faire bonheur !

Marc Fraizier et son frère Jules se levèrent en s'aidant de grappins, et virent en effet une île assez voisine et ombragée de beaux arbres; ils avalèrent quelques gouttes d'eau salée pour se donner une surexcitation d'épiderme et ils aspirèrent ce vent de terre si frais à la poitrine des navigateurs : un peu de force leur revint à l'âme et au corps. — La voilà donc, dit Jules, cette île du bonheur! le voilà cet Éden où l'homme a conservé son innocence, où la nature ne rougit pas d'elle-même, où Ève n'a pas encore partagé avec Adam le fruit de l'arbre du bien et du mal!

La nuit était tombée quand ils arrivèrent dans la baie. Marc et Jules cherchaient autour d'eux les pirogues des sauvages ; ils ne virent point de pirogues, le capitaine mit en mer deux embarcations, et les moins agonisants des passagers s'y laissèrent couler par les sabords. Nos deux frères abordèrent les premiers à la rive de l'Éden ; ils trouvèrent une belle chaussée pavée à la Mac-Adam ; cela les surprit beaucoup : s'avançant toujours au hasard, ils aperçurent une belle enseigne transparente, éclairée au gaz hydrogène, avec cette inscription : *Hart Inn* (hôtel du Cerf).

— Je crois que c'est de l'anglais tout pur, dit Marc à l'aspect de ce transparent.

— Au moins nous trouverons du rostbeef, dit Jules.

— C'était bien la peine de faire quatre mille lieues pour manger une tranche de bœuf, dit Marc.

— Entrons toujours.

C'était un hôtel en règle ; le *land-lord* avait un habit noir, des breloques à fleur de gilet et un chapeau nommé *qui capit ille facit*, de la grande manufacture du Strand : il salua les deux frères, et voyant à leur état de squelette qu'ils étaient à jeun depuis le cap de Horn, il les introduisit dans la salle à manger, et les plaça devant un trophée de gastronomie anglaise, composé d'un heureux mélange de douceur et de gravité. Marc et Jules ajournèrent leurs réflexions, et mangèrent comme des naufragés de la *Méduse* échappés du radeau.

Un bon repas comble bien des lacunes ; Marc et Jules

engraissaient à vue d'œil à chaque verre de Porto et de Sherry; au dessert ils allaient s'abandonner au charme de la conversation, mais le sommeil les saisit sur leurs fauteuils, où ils dormirent jusqu'au jour, comme dans leurs lits.

— Allons chercher des sauvages ! furent les premières paroles de leur réveil. En sortant d'*Hart Inn*, ils trouvèrent un joli *Square* bordé circulairement de maisons, façon chinoise, avec des enseignes anglaises sur les boutiques : au milieu de la pelouse était une statue de terre cuite, élevée à Nelson.

— Jusqu'à présent, dit Marc, la nouvelle Cythère se présente assez mal, les sauvages n'abondent pas. »

Les boutiques s'ouvrirent, les marchands étalèrent ; les domestiques frottèrent les marteaux de cuivre, les palefreniers à cotte rouge et à guêtres grises étrillèrent les chevaux; les femmes de la campagne encombrèrent les marchés, et un homme de lettres accrocha une enseigne où on lisait *Otahiti Chronicle office :* c'était un bureau de journal.

— Il y a un journal ! dit Jules, achetons le journal. Combien votre journal ?

— *Six pences.*

— Donnez-nous ces deux numéros.

— Voyons les nouvelles de l'intérieur, dit Jules.

Sur la première page il lut :

Matow-Pataoün, le dernier rejeton des anciens rois d'Otahiti, s'est réfugié dans la montagne du Caquier, il n'a été suivi que de deux sauvages : tout nous fait espérer que ces infortunés périront de faim et de misère, victimes de leur obstination. »

« Les révérends Phythion et Adamson, missionnaires évangéliques, ont continué leurs exercices avec le plus grand fruit ; trois familles d'ex-sauvages ont abjuré publiquement le culte des Manitous ; ils ont déposé entre les mains des deux ministres cinq exemplaires de l'infâme idole Fithrouë, qui n'a qu'une oreille, un bras et une jambe, et qui est faite en bois de Bengala : ces familles converties ont témoigné beaucoup d'horreur pour Fithrouë : on a donné aux hommes des carriks, *waterproof*, et des pantalons de fort papier Weynen ; on a donné aux femmes des petites cottes de parchemin tissé qui sortent de la manufacture d'Erington, patenté, 19, *Cook-Street*, à Otahiti. »

« Un ex-sauvage a été surpris hier en flagrant-délit, au moment où il invoquait son Manitou devant un Mimosa ; il a été conduit devant le grand-juge et interrogé conformément à la loi ; ce malheureux n'a pas cherché à dissimuler son crime, il a hautement avoué sa croyance, ajoutant qu'il vivrait et mourrait dans la foi des Manitous ; on l'a enfermé dans une cellule pénitentiaire avec une Bible et un volume de sermons du ministre Rupert : l'ex-sauvage a brûlé la Bible et les sermons ; il a été mis au petit cachot : on ne peut que louer en cette occasion la tolérance vraiment évangélique du gouvernement anglais. C'est par des moyens de douce répression que nous procédons à l'œuvre de l'assainissement moral des peuplades sauvages, bien différents en cela des papistes Espagnols, qui procédaient dans le Pérou par le fer et le feu. »

« L'école Lancastrienne instituée *Nelson-Square*, commence à porter ses fruits. Trente-deux ex-sauvages des deux sexes, fort proprement vêtus de redingotes de barbes de maïs, assistent régulièrement aux leçons de lecture et d'écriture. Demain l'école entre dans la lettre B. La lettre A marche déjà comme sur des roulettes. Rien de touchant comme d'entendre ces voix sauvages répéter en chœur, A, A, avec une pureté d'intonation vraiment remarquable. Il faut observer que la lettre A se nomme en otahitien, *Tuvaïmaou*, et qu'il a fallu bien des efforts de patience pour arriver de si loin au son pur et net de l'A. »

« Des soupes économiques, des bouillons à l'*O-Callam*, des pâtisseries à la *Crowbett* ont été servis hier, pour la première fois, au réfectoire public et gratuit des orphelins sauvages. Cette institution éminemment philanthropique, a été accueillie avec une joie naïve par les jeunes et malheureux orphelins. Il n'en coûtera au trésor que cent livres par an pour nourrir cent orphelins, tant l'économie a présidé à la confection des mets philanthropiques, sans compromettre toutefois la santé délicate des jeunes sauvages. Les soupes se confectionnent avec des mousses de mer, cuites au soleil, à l'ozmazôme, ou moëlle de Cachalot (*squalus-maximus*), c'est un tonique et un calmant bien combiné. O-Callam qu'on a surnommé, à bon titre, le père nourricier de la jeunesse sauvage, a composé des bouillons avec des substances veloutées et nutritives. Il a découvert que de légers cailloux de mer, recueillis vers le soir, sur la côte nord, et proprement étuvés à la vapeur, donnaient à l'eau de roche bouillie un arôme exquis et une vertu nutritive. Ces cailloux sont très-fréquentés par des poissons délicieux, qui viennent y prendre leurs innocents ébats et leur donner une saveur ictiophage. Les orphelins s'en trouvent fort bien et grandissent à vue d'œil. Le savant chimiste Crowbett, mû par des sentiments humanitaires, a inventé des pâtés qui portent son nom et qui ont obtenu le plus légitime succès. La croûte se compose d'écorce de liquidambar, dissoute au bain-marie, et cristallisée à la machine pneumatique, avec une force de cohésion qui ne se trouve au même point que dans les gâteaux d'amande. Ces pâtés ont un mètre vingt-cinq centimètres de circonférence, sur dix-huit pouces anglais de haut. On les remplit plantureusement avec un hachis de plumes de Toraccos ébarbées et de pâtes d'aras verts dont le suc est exquis. L'inventeur Crowbett a trouvé la plus douce récompense de ses travaux dans les remerciments enfantins de ces pauvres créatures qui n'ont plus dans le monde que l'Angleterre pour soutien. C'est ainsi que la vieille Angleterre répond à ses détracteurs du continent. »

— Voilà donc la nouvelle Cythère, dit Jules en laissant tomber le journal. Il faut convenir que ces Anglais font un singulier métier ; ils s'imaginent que tout ce qui flotte sur l'Océan leur appartient ; ils avalent une île comme une huître. Ils enchaînent l'univers avec leur liberté. Séjournerons-nous longtemps à la nouvelle Cythère, mon ami ?

— Il faut partir sur-le-champ, répondit Marc, si nous trouvons un vaisseau.

— Et pour aller où ?

— Les vaisseaux vont toujours quelque part, à moins qu'ils ne restent en chemin.

— En ce cas, nous resterons avec eux.

— Convenu.

L'*Ionia* mettait à la voile le jour même pour le cap de Bonne-Espérance. Il allait y prendre un chargement de vin de Constance et de peaux de lions. Marc et Jules firent un second et dernier repas à *Hart Inn* et demandèrent leur compte : il se montait à huit cent soixante-quinze francs, monnaie de France. Deux dîners et deux fauteuils. Marc, qui était un grand philosophe, paya sans dire un mot, et pria le *land-lord* de vouloir bien, par dessus le marché, les accompagner à la marine. Le *land-lord* prit sa canne et son *qui capit ille facit*, et les conduisit à l'échelle de l'*Ionia*. Il ne demanda rien pour cette course, ce généreux *land-lord* !

L'*Ionia* mit à la voile par un temps superbe, comme tous les vaisseaux qui partent. A dix lieues au large, il fut assailli par une tempête, selon l'usage, et perdit le mât de beaupré. Le capitaine disait : hâtons-nous de gagner les moussons, c'est la saison des moussons ; nous marcherons comme des dieux avec les moussons. Les passagers avaient les yeux fixés sur l'Océan pour voir arriver les moussons.

Après un mois de traversée, ils relâchèrent à Batavia pour se ravitailler. En mer on se ravitaille toujours. Un navire arrive toujours dans un port mourant de faim et de soif, avec deux ou trois mâts de moins. De Batavia au Cap, on vécut en comptant sur les moussons qu'il est impossible de manquer dans leur saison, à moins d'un miracle. Le miracle se fit : cette année-là, il n'y eut pas de moussons. Le capitaine était furieux contre la nature. La nature lui envoya une série de tempêtes qui le jetèrent sur les régions polaires découvertes par Davis. Ces régions sont des nuages permanents. Le capitaine en cherchant les terres de Davis, s'égara dans les nuages. Il perdit la carte et la boussole, et remit l'*Ionia* entre les mains de Dieu.

— Nous sommes perdus, dit Marc.

— C'est bien ! répondit Jules.

Dès que le vaisseau ne fut plus gouverné il se gouverna bien ; une dernière tempête ramassa l'*Ionia* comme une paille dans la région des nuages, et lui faisant filer malgré lui quinze nœuds à l'heure, il le mit dans des eaux tranquilles, en face de la haute montagne de la *baie de la Table* qui termine l'Afrique au midi ; les passagers ne remercièrent pas Dieu.

— Voilà un fort beau pays ! dit Jules en débarquant à la rive du Cap.

— Cela me paraît encore bien anglais, dit Marc, pourtant je suis si dégoûté de la mer et de l'Europe que je veux m'ensevelir ici, il faut être fou pour se condamner bénévolement à se faire ballotter par les vagues, l'Océan s'est assez joué de nous, voici une terre solide sous nos pieds, restons.

— Oui, dit Jules, mais les Anglais?

— Les Anglais n'ont pas occupé toute l'Afrique depuis *Table-Bay* jusqu'à Maroc, nous irons chercher notre vie dans l'intérieur ; au Zanguebar, s'il le faut.

— Adopté, frère, adopté.

Ils descendirent au Cap à *l'hôtel du Tigre* et furent écorchés vifs.

Après huit jours de repos, Marc fit des préparatifs de voyage, il acheta deux charriots couverts, emprunta quatre Hottentots domestiques à raison d'une piastre la pièce par jour, et son frère Jules fit emplette d'un petit arsenal de promenade; quatre fusils et deux paires de pistolets : un guide nommé Kreabs s'offrit pour les conduire à la rivière de l'Orange en trente-deux jours de marche dans le désert ; ils se firent assurer contre les lions à l'hôtel du Tigre, siége de la compagnie d'assurance indienne.

— Nous aurions mieux fait de nous faire assurer par les lions contre l'hôtel du Tigre, dit Jules en partant.

Cette plaisanterie ne fit pas sourire les Anglais ; on ne sourit pas au Cap.

Ce voyage fut fait avec une grande monotonie de bonheur : on marchait le jour, on campait la nuit dans un cercle de feu entretenu par les Hottentots. Marc et Jules ne virent pas l'ombre d'un lion ; mais ils virent beaucoup de lézards, et ils furent dévorés en détail par les moustiques contre lesquels ils n'étaient pas assurés ; des moustiques de la grandeur d'un petit oiseau de proie ; la bienfaisante nature a semé ces insectes avec une prodigalité merveilleuse dans les beaux climats.

Marc et Jules après avoir laissé leur chair fraternelle éparpillée dans les corps d'un milliard de moustiques, arrivèrent sur les bords de la rivière de l'Orange. Il en coûte pour arriver à la poésie et au bonheur, les moustiques avaient disparu.

Là un spectacle ravissant et inattendu leur fit oublier leurs maux.

Sur la racine d'une montagne toute verte de gazon et de jeunes acacias, s'étendait une vaste ferme en bois d'acajou, luisante comme un meuble de boudoir. Elle était divisée en trois corps de logis ; celui du milieu dominant les autres : une barrière carrée à claires-voies et à larges barreaux de bois de fer entourait la ferme comme un rempart élégant. La façade du nord restait à découvert et laissait voir une grande quantité de balcons légers et de jolis kiosques saillants où flottaient des rideaux de pagne et de coutil de toutes couleurs : chaque fenêtre avait son couronnement de cassier aux fleurs jaunes et taillées en houppe. La porte s'ouvrait sur un petit perron jonché de larges fleurs de la famille des dahlias. Ces fleurs montaient comme un tapis sur les cinq marches de l'escalier. Les trois autres façades se noyaient dans une ombre adorable, largement épandue par trois rideaux de caquiers, constellés du tronc à la cime de leurs innombrables fruits rouges semblables à des cerises énormes : une forêt magnifique semblait sortir de la ferme, et s'étendait en alternant ses massifs et ses clairières sur le flanc de la montagne avec une opulence de végétation digne de Dieu. Du fond d'un vallon voisin, formé par deux collines si rapprochées qu'elles croisaient leurs branches comme des mains amies, descendait avec un calme divin la rivière de l'Orange, gracieusement encaissée dans un lit de nénuphars et d'iris, limpide et azurée comme le miroir du ciel ; fraîche comme la baignoire d'Ève dans l'Éden : cette rivière dessinait de molles inflexions et se perdait à un mille de la ferme, sous un amoncellement d'arbres gigantesques, couverts d'azur et de lumière aux limites de l'horizon.

Marc et Jules sortirent de leur extase, un jeune homme parut à la porte de la ferme, il était nu jusqu'à la ceinture ; un large pantalon de toile était son seul vêtement ; sa main droite était armée d'un fusil à deux coups : les deux frères marchèrent à lui hardiment, leurs armes abattues sous le bras gauche et l'air souriant.

— Soyez les bien-venus, amis d'Europe, dit en anglais le jeune homme de la ferme, que venez-vous demander à vos frères des bois ?

— La main gauche, l'eau du fleuve et l'hospitalité, répondit Marc avec une assurance pleine de franchise et d'abandon.

— Entrez, vous aurez tout, dit le jeune étranger ; et il tendit ses deux mains aux voyageurs.

Ils furent introduits dans un vestibule frais comme une grotte, et tout retentissant de chants d'oiseaux comme une volière : un vieillard couronné de cheveux blancs était assis au fond et lisait, il se leva devant les étrangers et dit :

— Que béni soit le sentier qui vous a conduits ici ! Avez-vous faim ? avez-vous soif ?

— Nous avons tout, répondit Jules.

— Ma table est à vous.

Le vieillard ouvrit une porte et entra le premier dans une salle dont le parquet de pierre était bordé de larges ruisseaux d'eau vive et courante : les oiseaux du vestibule suivirent leur maître avec des chants de joie ; il y avait des loris, des bengalis, des cardinaux, des perruches, des touraccos, des serins, tous heureux et libres, volant sur les murs comme une arabesque vivante, et tourbillonnant au lambris en cercles radieux, comme un mobile ornement de plafond aux mille couleurs : les deux frères ne remarquèrent pas ce cortége ailé du vieillard ; leurs regards tombèrent et moururent sur une table où s'élevait avec une échancrure savoureuse un monstrueux pâté de venaison, flanqué de quatre vases de porcelaine transparente à col effilé où jaunissait un vin de Constance vieilli dans les celliers de la maison.

Au signe du maître ils s'assirent et mangèrent sans façon ; le vieillard et le jeune homme respectèrent ce noble appétit de voyage, et ils versaient eux-mêmes le généreux vin d'Afrique dans des coupes de cristal de roche. Lorsque Marc et Jules eurent repris leurs sens dans une première réfection, ils jugèrent conenable de remercier le vieillard de son hospitalité patriarcale.

— Depuis le déluge, dit Jules, je crois qu'on n'a plus revu la scène d'aujourd'hui, c'était ainsi que le patriarche Noë recevait sous sa tente d'Arménie les fils de Sem, de Cham et de Japhet, et qu'il leur versait le vin d'Orient qu'il avait inventé lui-même. Je bois à la vigne de Noë.

— Je bois à mes fils, dit le vieillard.

— Maintenant nous dirons nos noms à notre hôte, si notre hôte le permet; nous sommes les frères Marc et Jules Fraizier, de Paris, rue du Helder, 12. Nous allons à travers le monde cherchant je ne sais quoi, votre ferme peut-être; mon frère Marc est poète, c'est une profession ignorée sans doute ici, moi je ne suis rien, mais je marche à la suite de Marc, cherchant ce qu'il cherche et m'amusant de tout; nous avons reconnu que l'homme était dans une grande erreur de croire qu'il avait été mis au monde pour vivre dans la rue du Helder ; nous croyons que son domicile est plus vaste, et qu'il doit passer sa vie à se promener dans sa véritable maison, qui est le globle terrestre et non le n° 12 de la rue du Helder. Voilà pourquoi nous nous promenons dans cette rue qui est formée par la côte d'Afrique et la côte d'Amérique, dont l'Océan est le ruisseau, le soleil le réverbère. Après avoir sauté le ruisseau nous sommes entrés chez vous ; nous vous rendons une visite de voisin.

— Soyez les bien-venus, mes fils, dit le vieillard en souriant ; soyez les bien-venus dans la ferme de John Hamlet, de Chester.

— Vous êtes encore Anglais ? dit Jules, en croisant ses bras sur sa poitrine.

— Il y a si longtemps que je suis Anglais, qu'il me semble que je ne le suis plus. Voici bientôt quarante-deux ans que j'habite cette ferme.

— Seul ?

— Oh ! non, ma famille est nombreuse. J'ai un fils qui demeure avec sa femme, dans une autre ferme à quatre milles d'ici, dans nos vignes. Voici mon petit-fils et je vous montrerai bientôt ses trois sœurs. Mon fils et moi nous avons, de plus, vingt noirs à notre service. Vous voyez que je ne suis pas seul.

— Certainement, on peut très-bien vivre en pareille société. De qui dépendez-vous ici ?

— De personne.

— Comment! vous n'avez pas dans le voisinage quelque petit roi, quelque petite république dont vous êtes les citoyens obligés?

— Autour de nous, nous avons le désert. J'ai entendu dire qu'un roi africain règne à trois cents milles de cette rivière, vers l'Est. C'est le royaume le plus voisin.

— Et les lions! comment vivez-vous avec les lions?

— Il est possible qu'il y ait des lions; mais je n'en ai jamais vu. J'ai vu quelques tigres, ils sont très-poltrons et craignent toujours d'être dévorés par mes noirs. L'an dernier, nous reçûmes la visite d'un éléphant; il frappa de sa trompe aux barreaux de cette barrière; mon fils fut le complimenter avec un grand cérémonial; nous lui offrîmes une corbeille de gâteaux et une jatte de rhum. Il mangea et but, et s'en retourna fort joyeux dans ses bois. Ma vieille expérience m'a appris que cette partie de l'Afrique est abandonnée par les animaux féroces, à cause d'une grande quantité de plantes dont ils ne peuvent soutenir l'odeur et dont les exhalaisons même sont mortelles pour eux. C'est là un des mille secrets que la nature a déposés au cœur de cette Afrique, qui est la terre des secrets.

— Vous êtes donc ici en toute sécurité?

— Oui, mon fils, il n'y a du danger que dans les villes, sur la mer et sur les grandes routes. La terre est pleine de recoins où la vie est aussi à son aise que dans mon cottage, mais les hommes s'éloignent autant qu'ils peuvent de ces heureux recoins.

— Si ce n'était trop indiscret de notre part, nous vous demanderions quelques légers détails sur l'origine de votre établissement.

— Ce n'est point un mystère. Voici mon histoire en quelques mots. A trente ans, je quittai Chester, ma ville natale, par dégoût de l'existence. Le *spleen* m'avait même rendu fou. A force de regarder couler, devant mon château, la triste rivière de Mersey, je m'imaginais que c'était moi qui étais forcé de pousser à l'Océan cette vaste masse d'eau, et je formai le dessein de me tuer pour me délivrer d'une fonction si onéreuse. Un jour, je profitai d'un moment lucide, je réalisai autant d'argent que je pus, je partis pour un voyage sans but déterminé. J'essayai plusieurs villes, comme on essaie des habits, pour faire choix du plus commode. Londres me déroula ses ennuis tirés au cordeau à perte de vue. Paris me donna un rhumatisme. Venise me fit l'effet d'un grand cimetière de marbre avec des cercueils flottants. A Rome, je fus menacé d'un autre genre de folie, je m'imaginai que je portais sur mon dos le poids de vingt-cinq siècles. A Naples, je fus heureux quelques jours, mais le Vésuve me tourmentait cruellement. Sa dernière éruption lui avait creusé au front deux cavernes rouges, et je me persuadai que le volcan me cherchait partout avec ses deux yeux. La nuit, je rêvais que je causais avec le Vésuve sur le bord de la mer. Mon Dieu ! m'écriai-je, n'aurez-vous pas fait sur ce globe un coin de terre pour moi ! Un jour, je pris une pièce d'or et un pistolet chargé ; je jetai en l'air la pièce d'or, en criant : *Face* ! bien décidé à me tuer si je devinais. Je devinai. Un lazzarone passait, la main tendue vers moi ; je lui donnai la pièce d'or et j'armai mon pistolet. Le lazzarone baisait la pièce, en disant : *Due teste ! due teste !* et il vint me la montrer en riant ; la pièce d'or avait deux *faces*, et je l'avais prise au hasard dans un rouleau de cent. Voilà qui me condamne à la vie, dis-je en moi-même, vivons ! Et je jetai mon pistolet dans la mer.

Un vaisseau anglais de relâche à Naples partait ce jour-là même pour l'île Maurice. Je m'embarquai, bien résolu à ne plus chercher le suicide, mais à me faire trouver par lui ; vous ne sauriez croire quels horribles tourments d'ennui la navigation me fit subir, je ne crois pas qu'il y ait de prison plus dure que la cabine d'un vaisseau : il y avait vingt passagers à bord, une moitié gardait un silence de mort, l'autre parlait avec exubérance, je ne savais auquel des deux partis me lier ; avec les parleurs je regrettais les taciturnes, avec les taciturnes je regrettais les parleurs, j'allais des uns aux autres avec une profonde répulsion pour tous. Enfin nous relâchâmes au Cap. Là je rompis mon ban, je réalisai ma fortune, et je résolus de m'avancer dans l'intérieur de l'Afrique, avec trois Hottentots, pour vivre des surprises et des émotions de l'inconnu ; je visais ainsi à un suicide honorable, je m'enfonçais au cœur la pointe de l'Afrique comme un poignard.

Ce qui rend toujours les hommes malheureux, c'est qu'ils s'obstinent à chercher le bonheur; c'est le jeu inverse qu'il faut jouer : moi c'est en cherchant le malheur que je trouvai le bonheur. Vous ne sauriez dire quelle sérénité vint rafraîchir mon âme lorsque je découvris ce paysage qui doit vous avoir bien réjouis, vous aussi, à votre arrivée; il me semblait que je dépouillais le vieil homme européen et que je recevais d'une main invisible une chair nouvelle, un cœur nouveau : toute la somme de bonheur que cette nature virginale gardait en réserve depuis la création, et qui n'avait été dépensée pour personne, m'entoura comme un bain suave, me retrempa, me rendit fort; ce fut comme une soudaine convalescence, un réveil lumineux, une sainte résurrection. Adam de ce paradis, je cherchai mon Ève; je la demandai à cette nature féconde qui exhale tant d'amour sous ces arbres, sur ces fleurs, dans ces belles eaux du vallon : c'est alors que, fermement résolu de vivre ici, je fis le dernier de mes voyages, je revis la ville du Cap, j'y formai des relations avec les familles de mes compatriotes, et, après deux mois de cette vie mondaine à laquelle je devais renoncer pour toujours, j'épousai une jeune veuve qui consentit à me suivre à la ferme de l'Orange : je puis dire que cette femme n'a jamais regretté de m'avoir suivi : levez les yeux, regardez le ciel, cherchez un nuage; l'azur est partout;

eh bien ! notre vie de quarante ans est pure comme ce ciel.

Marc et Jules se levèrent vivement, et serrèrent avec transport la main du vieillard et de son fils.

— Maintenant, dit John Hamlet, il faut que je vous présente à ma famille. Où sont tes sœurs, Luxton ?

— Je l'ignore, mon père, répondit le fils en caressant une perruche qui venait de se percher sur son épaule.

— Messieurs, dit le vieillard, si vous voulez visiter le jardin et le parc, mon fils va vous guider ; nous nous reverrons à dîner, n'est-ce pas ? je vais donner des ordres pour qu'on ait soin de vos bagages et de vos domestiques, ne vous inquiétez de rien.

Jules prit familièrement le bras de Luxton et marcha du côté du bois, Marc les suivait à la distance de quelques pas.

Au bout de la première allée, une apparition les attendait qui devait leur faire tourner le sang au cœur.

Trois jeunes filles sortaient d'un massif d'acacias, trois jeunes filles de même taille ; trois corps, trois visages, trois costumes exactement semblables, si bien que l'on croyait voir la même femme reproduite trois fois par quelque jeu d'optique : elles marchaient enlacées l'une à l'autre par leurs bras nus avec une grâce merveilleuse d'ondulation de corps; leurs têtes étaient couvertes d'un chapeau de larges feuilles cousues; leurs cheveux, d'un ébène éblouissant, ruisselaient en boucles sur des épaules nues d'une blancheur vermeille ; une robe de modeste coutil, relevée par le luxe des agrafes d'or, s'échancrait sur leur poitrine, serrait leur taille et, s'arrêtant un peu au-dessous de la cheville, laissait aux pieds toute leur liberté de mouvement ; c'était un groupe de trois femmes primitives, elles appartenaient à la plus belle espèce de femmes, l'Anglaise créole, celle qui combine l'exquise perfection du corps, le coloris adorable de la carnation avec l'énergie de l'âme et la vivacité du sang : à mesure que ces trois filles s'approchaient, elles révélaient un nouveau charme ; leurs figures, d'une transparence dorée et leurs grands yeux de créole, se détachaient sous l'ombre de leurs chapeaux flottants ; quand elles s'arrêtèrent étonnées devant les trois jeunes gens, Marc et Jules n'avaient plus de voix.

Luxton fit avec quelque embarras les honneurs de la présentation ; il dit le nom des deux étrangers à ses sœurs et le nom de ses sœurs aux étrangers. *Very-nice*, *Héva* et *Fanny*, tels étaient les noms de ces ravissantes filles.

Jules rompit le premier le silence :

— Voilà, dit-il, un trio de ressemblance qui rentre dans les secrets de l'Afrique dont nous parlions tantôt ; vous avez trois noms, mesdemoiselles, il me semble qu'un seul suffirait à vous trois, *Very-nice*.

Un sourire d'ange illumina le visage des trois jeunes filles, elles considéraient de la tête aux pieds ces inconnus avec une curiosité muette, et leurs yeux semblaient interroger Luxton et demander une explication pour laquelle la langue ne trouvait pas de termes : le frère devina ses sœurs, et il entra dans quelques détails sur le voyage et l'arrivée des deux étrangers, un témoin indifférent aurait remarqué l'émotion étrange qui animait en sens divers ces six personnages ; les jeunes filles et les jeunes gens étaient singulièrement troublés, et ils ne se rendaient pas compte de leur embarras. M. John Hamlet et sa femme survinrent bientôt, et mirent chaque acteur de cette scène un peu plus à son aise ; madame Hamlet reçut les hommages des deux Français ; c'était une dame sexagénaire d'âge, mais jeune encore de fraîcheur et de santé ; on voyait luire sur son visage les derniers rayons de cette beauté incomparable des femmes du Lancashire : le temps n'avait altéré ni la pureté harmonieuse des lignes de son front, ni la blancheur perlée de ses dents qu'une lèvre naturellement relevée laissait toujours entrevoir dans tout l'éclat de leur émail : lorsque cette aïeule embrassa ses trois petites filles, Marc et Jules ressentirent un serrement de cœur.

La journée se termina dans des entretiens familiers et des promenades autour de la ferme. John Hamlet montra tous les recoins de son domaine aux deux étrangers : ils étaient bien distraits, Marc et Jules ; leurs oreilles s'ouvrirent complaisamment aux paroles de leur hôte ; mais leurs regards ne pouvaient se détacher de ces trois belles enfants du désert qui lutinaient comme des gazelles sur les fleurs du jardin et la pelouse embaumée du bois.

D'après les habitudes patriarcales de la maison, la famille se retirait dans ses appartements aux premières ombres de la nuit, tous se levaient avec l'aube; on laissa toute liberté aux deux Français, et ils en usèrent ce soir-là pour aller dans le bois, et sans témoins, se faire de mutuelles confidences sur les singularités de ce jour.

La nuit avait revêtu toutes ses splendeurs, la forêt, la rivière, la colline, le vallon semblaient faire entre eux des entretiens solennels et sublimes, l'arbre parlait au torrent, l'insecte à la fleur, le thym au gazon, la terre au ciel ; un murmure universel montait aux étoiles, l'eau vive exhalait la fraîcheur, l'arbre de parfums exhalait l'amour; du firmament radieux descendait une clarté molle faite avec un reflet de toutes les constellations, et cette clarté, plus douce que celle du jour, laissait entrevoir les bois et les montagnes à des distances confuses et infinies : l'air était si transparent, la gaze de l'atmosphère si déliée, que chaque étoile rayonnait aux yeux et les éblouissait comme un soleil. Et lorsque par intervalles toutes les harmonies se taisaient autour de la ferme, alors on croyait entendre des voix fortes et lointaines qui sortaient des profondeurs de l'Afrique, comme si dans le silence de la nuit l'interminable chaîne des montagnes du septentrion eût apporté d'échos en échos la plainte des monstres du désert. Mais rien dans nos contrées de glace, où l'amour n'est que le passe-temps de l'ennui, rien ne peut donner une idée de cette irritante émanation de volupté qu'une pareille nuit distille de tous ses rayons : tout est flamme et désir sous ces tranquilles étoiles, tout brûle dans cet air si tiède ; cette nature en apparence si calme palpite d'une animation puissante et sème la vie jusque dans le grain de roche, où elle dépose la topaze ou le diamant, fruits de l'hymen de cette terre et de ce soleil, quand le soleil, quand la pierre s'allume et jouit sous des étreintes invisibles. De quels inexorables désirs, l'homme ne doit-il pas être consumé, lui, ce roi esclave de toutes les passions et de tous les amours !

La rivière coulait joyeusement, emportant une étoile au miroir agile de toutes les ondes ; il y avait un siége de gazon et par dessus un haut liquidambar, comme un dais sur un trône. C'est là que s'étaient assis Marc et Jules, et ils se regardaient de cet air significatif qui n'a pas besoin de paroles pour communiquer une pensée.

— Eh bien ! dit Jules.

C'est toujours ainsi que commencent les entretiens dans les grandes occasions.

Marc secoua la tête et regarda le ciel.

— De laquelle es-tu amoureux ? dit Marc.

— Il me sera bien difficile de ne pas être ton rival, dit Jules ; j'en aime trois.

— Et moi aussi, frère.

— Qui diable ! nous a mis en tête de venir ici ?

— Oh ! c'est que je suis moins léger que toi, Jules ;

c'est déjà chez moi une passion vieille ; les racines poussent vite aux arbres dans ce climat : ainsi l'amour.

— Oui, l'amour! l'amour! c'est bientôt dit ; l'amour est une invention de roman et de vaudeville. Il est bien question d'amour ici ; va te calmer le sang, là, sous ce kiosque, en chantant une romance de Grisar ; va te consoler en ramassant ce bouquet d'oranger qu'elles ont laissé tomber. L'amour! l'amour! Nous le prenons à l'aise, dans une allée des Tuileries, entre deux statues de marbre, sous un ciel qui pleure, dans un air qui gèle, sur un gazon qui mouille nos pieds, et devant de noires maisons tirées au cordeau. Mais ici! ici! on se fait tigre, on rugit; on boit à pleine coupe cette écume que secoua Vénus-Aphrodite quand elle sortit de la mer ; on sent une crevasse au cœur ; on se rue au délire ; on mord le gazon, la fleur, la feuille ; on est fou.

— On est fou, répéta Marc avec une tranquillité alarmante.

Jules regardait le kiosque de la bienheureuse chambre où dormaient les trois sœurs.

— Elles sont là, dit-il ; elles dorment ensemble ; elles mêlent leurs rêves, leurs souffles, leurs beaux cheveux... Une lampe veille auprès de leur lit : heureuse lampe!...

En ce moment une idée traversa le cerveau de Jules... il voulut la communiquer à son frère, mais il eut des frissons sur la langue, et sa première syllabe s'arrêta tremblante dans le gosier.

— Tu voulais me dire quelque chose, dit Marc effrayé des convulsions nerveuses de son frère.

— Moi... oui... non... j'avais une... eh !

Il mit ses mains, comme un voile, sur sa figure.

— Je t'ai compris, dit Marc à voix très-basse.

— Eh bien !.. un instant... reste... fais sentinelle un instant... Oh ! n'essaye pas de m'arrêter, ou je me jette dans cette rivière, ou je me brise la tête contre ce tronc de fer.

Le premier arbre du vert rideau qui ombrageait trois côtés de la ferme, s'élevait devant le kiosque des trois sœurs. La vitre ouverte n'était qu'à douze pieds du sol. Jules grimpa sur l'arbre et se blottit dans les branches qui mêlaient leurs feuilles aux fleurs du kiosque de ce gynécée de la nature : là, ses regards errèrent et moururent : ce qu'il vit n'a été vu qu'une fois, et ne sera plus revu sur ce monde. Animez les trois Grâces de Canova, et endormez-les sur un lit de fleurs, en leur laissant la pose que leur donna l'artiste, vous n'aurez encore qu'une copie humaine du groupe divin des trois jeunes Anglaises, des trois créoles de ce désert. Jules tomba de faiblesse sur le haut gazon, au pied de l'arbre : son frère accourut et le releva. Quelques paroles sourdes s'échangèrent entr'eux; ils s'éloignèrent ensuite silencieusement de la ferme, honteux comme deux criminels qu'un horrible remords accompagne. L'un avait outragé l'hospitalité la plus sainte, l'hospitalité du désert ; l'autre s'était fait son complice et ne s'était opposé que faiblement au crime. L'aube les surprit pâles et muets, marchant au hasard dans le vallon et n'osant se retourner vers cette chambre où dormaient encore, naïves et confiantes, ces trois adorables filles, qui avaient à leur insu livré à des yeux profanes le secret virginal de leurs nuits.

Cependant les oiseaux de la ferme chantaient au jour et à leur maître. La joie du réveil éclatait partout. Les domestiques se répandaient dans le verger. On entendait, sous l'arbre du perron, ces voix mélodieuses et ces éclats de rire veloutés qui trahissent les jeunes femmes.

— Very-nice est levée, dit Jules.

— Et ses sœurs sont levées aussi, dit Marc.

— Je n'ai pas entendu les autres ; je n'entends que Very-nice. Hier, elle portait un collier de jais... elle avait gardé ce collier cette nuit... elle n'avait gardé que cela... adorable enfant !... Dieu te préserve de la connaître, mon frère !

— Ses sœurs sont aussi belles...

— Tais-toi, mon frère... oui, elles sont aussi belles. Aimes-en deux, laisse-moi Very-nice ; laisse-moi la vie. Allons les voir ; le soleil aussi se lève pour les voir. Viens, mon frère, viens.

Marc arrêta son frère par la main.

— Écoute-moi, Jules, lui dit-il. Je suis ton frère aîné...

— D'un an.

— D'un an et de sagesse. Nous nous sommes embarqués dans une triste affaire ; mais il est temps encore de nous arrêter. Tu conçois que ce serait bien mal payer l'hospitalité que nous a accordée ce vieillard, si nous allions nous mettre en tête de séduire ses petites-filles et de jeter ainsi le trouble dans ce paradis terrestre, où la plus noble confiance nous a reçus. Tenons-nous sur nos gardes ; soyons maîtres de nous ; restons avec ces jeunes femmes dans les limites de la politesse ; ne confions rien à nos paroles de ce qui pourrait laisser croire à d'autres sentiments que ceux de la reconnaissance et de l'amitié.

— Quel âge as-tu, frère ?
— Vingt-cinq ans.
— Vieillard ! songe que je n'en ai que vingt-quatre moi, et je suis à mon premier amour.
— Oui, amour d'hier...
— Mon frère, un amour de cette nuit ; entends-tu ? de cette nuit.
— Ainsi, tu vas te lancer au hasard dans ce roman, les yeux fermés.
— Eh ! sommes-nous les maîtres de conduire notre vie, c'est notre vie qui nous conduit. En avant ! nous avons perdu deux heures de ce jour qui commence ; deux heures d'extase de moins.

Jules sortit du bois d'un pas résolu, entraînant avec lui son frère ; ils arrivèrent bientôt sur le perron de la ferme, au moment où John Hamlet sortait pour sa promenade du matin.

— Ah ! vous voilà, mes enfants, dit le vieillard, j'ai compté sur vous pour passer ma journée ; je suis resté seul à la maison, Luxton a conduit ses sœurs chez mon fils et ma fille, à la petite ferme, là-bas, ils ont profité de la fraîcheur du matin pour faire cette course, on a besoin d'eux à la ferme, nous entrons dans la quinzaine des récoltes et il faut que les maîtres surveillent le travail, n'est-ce pas, mes enfants ?

Jules et Marc gardèrent le silence et serrèrent les mains du vieillard ; en ce moment un nuage descendit sur la ferme, les rayons du jour s'éteignirent, la jolie rivière roula du limon, les fleurs et le gazon se fanèrent, les arbres prirent des teintes funèbres, toute cette belle nature se revêtit d'un crêpe de deuil, les trois sœurs, les trois étoiles avaient disparu.

Marc rappela toute sa force et fit bonne contenance pour cacher au vieillard le désespoir mal déguisé de Jules, il engagea l'entretien sur une foule de sujets qui souriaient au maître de la ferme, il le questionna sur l'agriculture, sur la saison des ouragans, sur l'économie domestique qu'il avait appliquée à son petit royaume ; le vieillard naturellement causeur et ravi de trouver un auditeur complaisant, chose rare dans un désert, entra dans les plus minutieux détails et fit briller son érudition d'agronome : la promenade et la conversation durèrent jusqu'à l'heure du déjeuner, le reste de la journée n'amena aucune circonstance remarquable, on fit la sieste à midi, on dîna au coucher du soleil, à la nuit John Hamlet se retira dans son appartement.

Lorsque Jules fut seul avec son frère il lui dit :

— Je viens de passer un horrible jour, un jour éternel, comme un jour de l'enfer, n'essaye pas de m'arrêter, parce que je te résisterais, je résisterais à Dieu ! Frère, garde la maison du vieillard, moi je vais respirer où elle respire, il n'y a point d'air ici.

— Va : dit froidement le frère, je te comprends, tu es plus heureux que moi, tu connais la femme que tu aimes, moi je l'aime et je ne la connais pas, j'en aime une, j'en aime trois, je n'en aime point, je suis si faible à cette heure, que je t'accompagnerais s'il ne fallait pas que l'un de nous au moins reste dans la maison, sois de retour avant l'aube, et ne t'oublie pas.

Jules partit dans la direction que le vieillard avait souvent indiquée du geste en parlant de sa petite ferme, d'ailleurs la rivière devait l'y accompagner : il suvit la rive droite, entra dans le grand massif de forêt où l'eau se perdait comme dans un gouffre, et après une heure de marche il vit la petite ferme dans son couronnement d'ombrages, la barrière était fermée, Jules la franchit sans peine et toucha de sa main les arbres qui dominaient la maison.

En ce moment la nuit était fort sombre, des nuages énormes, des vapeurs d'ouragan voilaient les étoiles ; on entendait frémir les feuilles dans le bois, et le jeune homme tressaillait à ce bruit comme à une plainte sortie d'un cimetière, il rôdait autour de la ferme, cherchant à deviner la chambre des trois sœurs, lorsqu'il entendit tout près de lui un soupir qui ne venait pas de la forêt et qui avait une expression humaine. Jules s'arrêta court, et un frisson sillonna son épiderme. Il y a ici un témoin, se dit-il en lui-même, malheur à lui! nous sommes trop de deux ici.

Et il arma ses pistolets.

Comme il regardait un massif de feuilles tendues sur une muraille de la maison, il vit luire deux yeux sous un chapeau de paille agité par les mouvements d'une tête.

Jules s'avança hardiment, et la demande qu'il allait faire fut prévenue par une réponse.

— C'est moi, dit une voix.

Jules laissa tomber ses armes, ces deux syllabes l'avaient foudroyé.

— Quand on courbe le gazon la nuit, dit la même voix, il faut avoir soin de le relever le matin.

Jules était anéanti...

Celui qui parlait se débarrassa tout-à-fait de son enveloppe de feuilles, il prit Jules par la main et le conduisit à l'écart dans le bois, pour parler plus à l'aise sans péril d'être entendu.

C'était Luxton, le frère des trois adorables filles. Jules aurait mieux aimé rencontrer Satan.

— Que venez-vous faire ici? dit Luxton, avec cette

indolence d'organe et de maintien qui chez les créoles prélude à l'explosion.

A quoi sert la bravoure et la fermeté de cœur dans certaines circonstances ? L'homme intrépide qui est surpris en tort flagrant est bien malheureux, car il rougit de lui-même comme un lâche. Jules n'avait qu'une ressource honorable, il s'en servit.

— Monsieur, dit-il avec une voix tremblante, j'aime une de vos sœurs ; je suis venu pour vivre une heure dans l'air qui l'entoure, j'ignore quels sont ici vos usages, mais si, comme je le crois, ils ressemblent aux nôtres, je puis réparer mon tort, je suis jeune et je suis riche, je demanderai votre sœur à votre père, et si elle y consent je l'épouserai.

— Vous l'épouserez, dit Luxton avec un accent ironique.

— Oui, monsieur ; j'épouserai votre sœur.

— Et laquelle ?

— Laquelle !.. permettez-moi d'attendre jusqu'à demain, je vous répondrai.

— Non, vous ne me répondrez pas, monsieur, je ne veux pas que vous me répondiez... je vous ai fait une demande étourdie... oubliez-la... Vous êtes arrivé à la ferme depuis quelques jours, vous avez été reçu avec cordialité, ne l'oubliez pas... Vous l'avez oublié la nuit dernière, monsieur... cette nuit encore ; vous ne saviez pas qu'un œil qui ne dort jamais était ouvert sur vous, je ne veux pas affliger mon aïeul de ces rapports affligeants pour un vieillard, le secret est entre vous et moi, si vous voulez épouser une de mes sœurs, demandez-la demain à son grand-père et gardez-vous bien de dire un seul mot, de donner un seul regard à celle de mes sœurs que vous avez choisie, seulement je désire que l'amour vous ait bien inspiré, et que le nom de jeune fille que vous prononcerez demain ne fasse pas descendre sur cette campagne... descendre, pour la première fois, la...

— La ?...

— La mort ! dit Luxton d'une voix sourde, et il disparut.

Jules resta longtemps immobile à sa place, où il avait entendu cette formidable parole... La mort ! disait-il tout bas... quel horrible mystère y a-t-il dans ce mot !

Et il n'osait lever les yeux sur la petite ferme où l'innocence endormie ne soupçonnait pas quels violents orages éclataient au dehors. Le besoin de revoir son frère Marc et la crainte d'être surpris par l'aube, le déterminèrent à reprendre le chemin de la grande ferme : il s'y rendit en courant et tomba devant le lit où son frère dormait.

Tous les détails de cette nuit furent racontés à Marc.

— Je suis bien malheureux, dit Jules en finissant son récit. Il m'était défendu de parler ; tout ce que je t'ai dit était un secret qui devait rester entre lui et moi.

— Oh ! tes intérêts sont les miens, dit Marc, tu n'as

pas violé ta promesse, n'avons-nous pas à nous deux la même âme, le même cœur : aujourd'hui surtout !

— Il faut donc que je demande Very-nice en mariage.

— Sans doute, tu l'as promis solennellement, au désert, en face de Dieu.

— Mais que dis-tu de cette terrible menace de Luxton ?

— Elle est claire, Luxton est un enfant de la nature ; c'est l'Abel de cet Éden, et comme Abel...

— Il aime une de ses sœurs !

— Je n'en doute pas.

— Et il aime Very-nice ! s'il en aime une, c'est elle... Et si j'épouse Very-nice... il y a une mort dans l'air ! Oh ! ces jeunes créoles ne sont point des fanfarons ! nous aurons une catastrophe ce soir.

— Soyons hommes, frère, allons jusqu'au bout et présentons-nous calmes et résignés à l'événement.

— Oh ! tirons-nous vite de cette horrible incertitude, descendons chez John Hamlet ; un quart-d'heure de retard m'étoufferait.

— Allons ! dit Marc.

Le vieillard émondait un jeune acacia et le cortége habituel de ses oiseaux lui faisait fête. Jules, d'un air grave, le salua ; Marc lui serra les mains, et le vieillard remarquant le changement qui s'était opéré sur leurs physionomies, leur dit :

— Vous paraissez bien tristes ce matin, mes enfants, est-ce que vous songeriez déjà à votre départ ?

— Au contraire, dit Jules. Cette habitation nous plaît, et si vous daigniez nous donner un arpent de votre domaine, nous y ferions un établissement pour toute notre vie. Nous avons en portefeuille des titres qui vous prouveront que nous sommes dignes de prendre rang parmi vos sujets. Je ne vous parle pas de notre fortune, nous vous en parlerons quand vous l'exigerez... maintenant...

Jules s'arrêta comme s'il eût été saisi d'une extinction de voix.

— Continuez, continuez, mon fils, dit le vieillard en souriant...

— Votre fils, dites-vous ; consentiriez-vous à me donner ce nom?

— Eh ! certainement... pourquoi pas?

— Ce nom, et...

— Et?

— Et une de vos petites-filles, mon père...

Jules s'assit sur le gazon, épuisé de l'effort qu'il avait fait. Le vieillard lui tendit la main.

— Une de mes petites-filles... Ah ! vous me demandez l'impossible, mon enfant...

— Sois homme, Jules! s'écria Marc, qui vit une pâleur de mort sur le visage de son frère. Jules regardait le vieillard avec des yeux éteints.

— Mon fils, dit John Hamlet, il y a dans les familles des secrets qu'on ne divulgue que dans les grandes occasions. J'ai juré de marier deux de mes filles le même jour. Ne m'interrogez pas là-dessus, je serais forcé de garder le silence.

— Eh bien ! dit vivement Marc, ma demande devait arriver après celle de mon frère ; voulez-vous avoir deux enfants de plus ?

— Ah ! ceci arrange tout, dit le vieillard ; comment, vous consentez à vivre ici tous deux ?

— Eh ! mon Dieu ! c'est ce que nous demandons au ciel.

— Voyons, dit le vieillard, avec une physionomie rayonnante de joie ; vous, Jules, laquelle des trois avez-vous choisie ?

Jules regarda autour de lui d'un air sombre.

— Comment, dit le vieillard, est-ce que la gaîté ne vous revient pas ?

— Oui, oh ! oui, dit Jules en s'efforçant de sourire ; j'ai choisi miss Very-nice.

— Et vous, Marc ? dit le vieillard.

— Moi... moi... attendez...

— Héva, ou Fanny... Celle des deux qui voudra bien m'accorder le bonheur de l'épouser.

Jules serra la main de Marc, et lui fit un signe d'intelligence.

— Voici justement Luxton qui arrive à cheval de la petite ferme, dit le vieillard, nous allons lui annoncer toutes ces bonnes nouvelles.

— Oh ! si vous retardiez encore... dit Jules, toujours pâle et hors de lui.

— Pourquoi donc? dit le vieillard ; les bonnes nouvelles n'arrivent jamais trop tôt. Luxton, Luxton !

Et le vieillard l'appelait du geste et de la voix.

Luxton quitta son cheval à la barrière et marcha vers le groupe. Des quatre acteurs de cette scène, le vieillard seul était calme et joyeux ; les trois jeunes gens dissimulaient mal leurs émotions intérieures. Jules, surtout, était agonisant.

— Luxton, dit le vieillard, ta présence est réclamée ici ; nous tenons un conseil de famille... tu es bien pâle ce matin, Luxton ; as-tu souffert cette nuit?

— Non, non, père... j'ai peu dormi... fort peu.

— Alors ce n'est rien, continua le vieillard ; voici deux jeunes gens qui veulent entrer dans notre famille...

— Deux? ah !

— Oui, deux... ta voix est bien émue, Luxton, tu souffres ?

— Non, non, père... continuez ; le galop du cheval m'a fatigué.

— Oui, Duke a le galop dur.

— Oh ! mon Dieu ! inspire-moi, dit Marc, dans un *à parte* d'oraison mentale. Puis haussant la voix, tandis que le vieillard regardait Luxton avec inquiétude : Luxton, dit-il, mon frère demande en mariage miss Verynice, et moi, miss Héva.

On entendit un cri et l'on vit tomber Luxton sur l'herbe.

— Ah ! s'écria le vieillard, il y a vingt-deux ans que j'ai prédit cela !... vite, vite, du secours à ce pauvre enfant.

Jules était immobile. Marc courait à la ferme. Le vieillard agitait les mains de Luxton. Les domestiques accouraient de tous côtés.

Luxton reprit ses sens, et un sourire rayonna sur sa figure ; il tendit une main à Jules et l'autre à Marc. Les deux frères étaient ébahis.

— Luxton, dit le vieillard, je crois te comprendre ; c'est un accès de joie qui t'a suffoqué, dis ?

Luxton ne répondit pas.

— Va goûter un peu de repos, continua le vieillard ; va, mon fils ; reprends tes forces, et espère en Dieu.

Luxton entra dans la ferme et serra une seconde fois les mains des jeunes gens.

— Venez ici, maintenant avec moi, vous deux, dit John Hamlet avec mystère aux oreilles de Marc et de Jules, et il les entraîna au jardin. Mes enfants, savez-vous ce que cela signifie ? Luxton aime la plus jeune, il aime Fanny...

— Oh ! c'est bien naturel, dit Marc, un frère !

— Luxton n'est pas son frère ; Luxton n'est pas mon petit-fils.

Marc et Jules poussèrent un cri de surprise.

— Silence ! continua le vieillard, il est encore trop faible pour apprendre ce secret ; il le saura demain. Luxton est le fils d'un Anglais qui mourut ici, dans cette ferme, il y a vingt ans. Luxton bégayait à peine, lorsqu'on me l'apporta du Cap. Mon fils et moi nous l'adoptâmes : il a été élevé avec mes trois filles, les croyant toujours ses sœurs. Je ne voulais lui révéler le secret de sa naissance que le jour du mariage de deux de ses sœurs, pour en marier trois le même jour, et ne donner de la jalousie à personne. La Providence vous a conduits ici par la main. Que Dieu soit loué ! je donne mille livres au ministre qui viendra du Cap pour bénir mes enfants.

Marc et Jules tombèrent aux genoux de John Hamlet.

---

Ici se termine cette histoire. La dernière lettre écrite par Jules à M. G. B., son meilleur ami, annonce que les trois mariages ont été consommés. La ferme de l'Orange sera bientôt une colonie Anglo-Française. Il y aura de la poésie encore dans cette partie du monde, pendant quelques années, et après, elle sera exilée de l'univers : Marc et Jules auront recueilli les derniers soupirs de cette fille du ciel. La ferme de l'Orange aura le sort d'Otahiti et de Juan Fernandez.

# HÉVA.

# I

## Le Festin.

Sur la côte de Coromandel, non loin de Madras, dans les terres autrefois désertes, on trouve un paysage si beau que les voyageurs n'en ont jamais parlé, car les phrases manquent, et ils aiment mieux laisser dans l'Inde une omission qu'une injustice. Monsieur Sonnerat est le seul qui ait hasardé cette exclamation : — *Que la nature indienne est belle dans la solitude de Tinnevely!* (1) puis il a fait la statistique des factoreries de Madras.

J'ai sur mes devanciers un avantage considérable pour peindre ce paysage ; je ne l'ai pas vu. Si je l'avais vu, je ne le peindrais pas. Voici donc mon tableau, dont je garantis la ressemblance : il y a un lac, bleu comme une immense cuve d'indigoterie, qui perce une infinité de petits golfes dans une longueur de six lieues, sur

(1) Qu'il ne faut pas confondre avec la province ainsi nommée, et qui est située au cap de Coromandel.

trois côtés, l'horizon de ce lac est fermé par une haute montagne, et par des collines vertes à formes capricieuses, ressemblant assez à une succession de dos gigantesques de dromadaires. Du côté de la plaine, le rivage est comme un vaste jardin de tulipiers jaunes, jalonnés par intervalles de hauts palmiers, les uns groupés étroitement comme les membres d'une famille bien unie ; les autres isolés, comme des égoïstes ou des misanthropes qui fuient la société. De même que le lac a creusé des baies dans la terre, ainsi la terre, par imitation, a jeté dans le lac de petits promontoires aigus comme des aiguilles de clochers qui flotteraient sur l'eau ; ces terrains ambitieux sont couverts de touffes profondes de verdure ardente, où se mêlent les ébéniers, les nancléas, les caquiers, les érables que la nature a prodigués pour favoriser les tigres qui veulent venir boire au lac, la nuit, sans être vus des pâles humains.

Maintenant, si vous prenez la peine de regarder au pied de la montagne, vous trouverez un *chattiram* délicieux (1). Ses quatre colonnades d'érable rappellent un peu l'ordre Pœstum adoré à Londres, et ne le font pas regretter ; sa toiture fort élevée laisse un vaste passage à la circulation de l'air ; son escalier de bois de santal a vingt-deux marches, et la dernière se baigne dans le lac, à côté d'un troupeau de jeunes et candides éléphants qui boivent l'eau et le soleil. Dans la position où vous

---

(1) *Chattiram* vient de *tchatour*, mot sanscrit qui signifie quatre.

êtes, le *chattiram* vous cache une ravissante maison de campagne, comme Adam la rêvait dans le paradis terrestre, après sa faute, quand la terre maudite se hérissa de chardons.

Cette demeure voluptueuse appartenait en 18... au plus riche négociant de Madras. Son nom était Mounoussamy ; il naquit Indien et idolâtre, et il n'avait pas trop changé de religion en se faisant protestant Méthodiste pour épouser la plus belle Hollandaise de Batavia, laquelle avait reçu, comme don d'amitié du riche Palmer, une dot d'un million de piastres. Palmer aurait fait l'aumône au Pérou.

Héva était le nom de la belle Hollandaise, épouse de Mounoussamy. A la date nébuleuse que j'ai citée plus haut, elle avait vingt-quatre ans. Si vous n'avez jamais été dans l'Inde, vous ne pouvez vous faire une idée de la fascination qu'exerce une jeune femme du beau sang européen dans ces climats qui brûlent le corps et l'âme. Malheur à l'étranger qui venait s'asseoir un instant sous le péristyle de la maison d'Héva, pour admirer le lac du Tinnevely ! un des nombreux domestiques de l'Indien avait ordre de l'inviter à dîner, et ce repas, accepté avec tant de joie, empoisonnait moralement le pauvre voyageur ; il voyait Héva, et il oubliait son pays, sa famille, et même sa femme et ses enfants, s'il en avait.

Le mari d'Héva était à cet âge heureux où les passions doivent laisser l'homme en repos ; d'ailleurs on disait qu'il ne connaissait pas la jalousie, vice des pays froids,

7.

ignoré sur la côte de Coromandel ; aussi, dans sa richesse, sa solitude et ses ennuis, il ne demandait pas mieux d'avoir toujours nombreuse compagnie à sa maison ; mais cette société de voyageurs, de savants, d'artistes, de parasites des quatre parties du monde, était toute composée de jeunes gens épris de sa femme, et se surveillant si bien les uns les autres que le mari pouvait fermer les yeux et compter, en pleine confiance, sur la perpétuité de son honneur conjugal. Si Pénélope n'avait eu qu'un seul poursuivant, Ulysse aurait été Ménélas ; elle eut cent amoureux, et elle garda vingt ans sa vertu, nuit et jour sa broderie à la main.

Héva ne comptait que vingt poursuivants, et elle se plaignait quelquefois à son mari de ce qu'elle n'avait pas autant de bonheur que Pénélope ; le sage Indien lui disait alors :

— Charme de mes yeux, belle Héva, nous n'avons que vingt couverts à notre table et vingt chambres dans notre maison. Règle-toi là-dessus.

En ce temps-là, parut sur le lac du Tinnevely un jeune savant que M. de Lacépède avait envoyé dans l'Inde pour chercher un Touraco blanc (*turracus albus*). Le muséum naturel de Paris, malgré ses richesses universelles, était incomplet ; il lui manquait cet oiseau, dont Saavers avait porté le dessin à Londres. M. de Lacépèdre n'en dormait pas.

Le voyageur envoyé à la découverte du Touraco blanc se nommait Gabriel de Nancy. Il avait des lettres de crédit pour tous les comptoirs de l'Inde, et des lettres de recommandation pour tous les savants. Les dernières lettres restèrent en portefeuille, mais les premières n'y firent pas long séjour. Il avait déjà dépensé soixante mille francs des deniers des contribuables, et le Touraco blanc n'était pas découvert. Ayant épuisé quelques presqu'îles, trois continents, deux côtes, et une foule d'archipels, Gabriel attaqua les bords du lac de Tinnevely. M. de Lacépède attendait toujours l'oiseau, la paille à la main.

Le soleil, après avoir brûlé l'Inde, descendait sur l'Océan, lorsque Gabriel arriva devant la demeure de Mounoussamy. Héva était assise sous un manguier, et elle écoutait nonchalamment les doux propos de ses adorateurs, rangés en cercle autour d'elle. L'époux tournait les épaules à la société, et, par vieille habitude d'Indien, il comptait les grains du chapelet nommé *Poitah*.

Gabriel, quoique savant, avait un costume élégant, une figure spirituelle, et il montait fort bien à cheval. Deux nègres affranchis, et plus esclaves que jamais, prirent les chevaux de Gabriel et de son domestique; Mounoussamy se leva, et dit au jeune Français :

— Soyez le bienvenu dans mes domaines ! que mon lac vous soit doux !

Les adorateurs d'Héva firent un assez triste accueil à Gabriel. Héva salua le nouvel arrivant avec son éventail de plumes de bengalis.

Gabriel exposa l'objet de sa mission scientifique en

peu de mots. Mounoussamy fit un geste qui désignait les bois et les montagnes du nord et du midi, comme s'il avait voulu lui dire qu'il mettait ses domaines à sa disposition.

On sonna le souper. Les vingt adorateurs se levèrent comme un seul homme pour offrir vingt bras à la belle épouse qui prit le bras de son mari, selon l'usage indien.

La salle à manger frappa Gabriel. Elle était tout à claire-voie, et décorée de colonnettes en bois de santal, style pagode. Aux quatre angles, quatre fontaines coulaient dans des bassins de granit d'Élora; douze nègres, juchés sur des piédestaux d'ébénier, agitaient dans l'air de larges éventails de plumes de paons; les siéges des convives étaient formés de baguettes de naucléas; des masses fraîches et veloutées de feuilles d'acanthe servaient d'escabeaux; les noix de bétel fumaient dans une cassolette d'ambre gris, et aux deux bouts de la table jaillissaient, de la gueule de deux dragons de porcelaine japonaise, d'immenses panaches de fleurs et de rameaux d'arbres odorants, des aigrettes où s'entremêlaient tous les caprices de nuances et de parfums de la puissante nature indienne : le Spondias, surnommé la fleur de Cythère, le Wampi, originaire de la Chine, le Laventera du Cachemire, le Rima, le Falsé, le Marsana qui secoue ses fleurs rondes et jaunes, comme des grelots d'or.

Mais rien ne décorait cette salle de festin comme la jeune Héva, la maîtresse de la maison; elle embaumait, elle éclairait, elle ravissait les convives ; on ne regardait qu'elle et elle ne regardait rien.

— Sita la déesse, épouse du *Dieu-Bleu*, assise nonchalamment sous un manguier ; Lackmé, la déesse du plaisir, née dans le jardin Mandana, ne sont pas plus belles qu'Héva dans le temple de Ten-Tauly.

Ainsi parlait l'Indien Mirpour, négociant retiré des affaires, après avoir fondé l'une des meilleures maisons de commerce de Madras ; et son voisin, M. Goulab, ex-banquier à Calcutta et natif du village de Kioula, lui disait :

— Si j'étais le Dieu-Bleu, je m'incarnerais pour elle une dixième fois.

Et les yeux noirs de Goulab lançaient des flammes d'une lueur sinistre.

Le jeune Français Gabriel disait à son voisin, sir Edward Klerbbs, de Londres :

— Si je pouvais amener cette femme à Paris, seulement pour la faire figurer dans *Fernand Cortez*, je ferais la fortune de M. de Jouy.

Le mari d'Héva mangeait comme un tigre à jeun et buvait comme boit la plaine altérée de Tchoultry quand il pleut après une sécheresse de trois étés.

Les autres convives ne disaient rien, et ils avalaient des soupirs.

On servait des plats étranges à profusion ; les vins de Constance, de Lalia, de Kerana, coulaient à flots dans ces belles coupes que taille le Jémidar sur la roche de

Thcaomok. Les savants buvaient comme des ignorants.

Héva mangeait du bout des lèvres, à la pointe d'une aiguille d'or, des parcelles d'un jambon de Labiata, l'ours superbe qui désole l'île de Panay. Elle semblait faire cette concession à l'humaine nature pour laisser douter encore de sa divinité. Il fallait voir avec quel geste de nonchalance dédaigneuse elle refusait une brochette de troupiales rouges ou une aile de péomerops, dont la queue a douze plumes; par intervalles elle aspirait quelques gouttes de cette boisson que les Indiens composent avec du poivre, du tamarin et du jus de wampi. Alors tous les yeux s'attachaient sur son bras, qui se repliait comme un cou de cygne, en agitant les grelots de pierreries d'un bracelet d'ambre jaune sur une coupe de lapis-lazzuli, et toutes les mains restaient immobiles, la fourchette levée sur les assiettes chinoises, de peur que les regards ne laissassent échapper une seule des grâces adorables qui éclataient en ce moment au bout de ses doigts, aux fossettes de ses joues et même dans les plis du crêpe nankin noué sur le corsage de son *sari* indien.

L'époux imperturbable affectait de ne pas regarder sa femme, et cette impudence de bonheur irritait les convives. Mounoussamy semblait leur dire dédaigneusement :

— Je vous permets de la dévorer des yeux à mon festin.

Le jeune Français Gabriel, lorsque la conversation devenait générale, disait à son voisin :

— Dans quelle espèce classez-vous ce mari indien ?

— Il y a trois mois que je cherche son chapitre dans l'*Histoire naturelle* de Saavers, et je ne le trouve pas, répondait sir Edward Klerbbs.

— Croyez-vous qu'il aime sa femme ?

— Peut-être non ; peut-être comme tous les convives à la fois.

— Croyez-vous que sa femme l'aime ?

— Sa femme n'aime personne de la société, c'est positif ; mais puisqu'il faut qu'à son âge, et dans ce climat, elle aime quelqu'un, nous sommes désespérés d'admettre que ce quelqu'un est son mari.

— C'est désolant ! disait Gabriel. Peut-on aimer un homme qui a le teint bronzé comme la porte d'une pagode, qui a une mâchoire de dents d'éléphant, des lèvres de mandrille, des yeux de tigre noir, un col de rhinocéros ? Un homme qui s'est composé son corps en volant quelque chose à chacun des monstres de l'Asie ! Oh ! c'est impossible ! cette femme n'aime pas cet époux.

— Ah ! les femmes ! les femmes ! disait Klerbbs mélancoliquement.

— Allons donc ! y pensez-vous, monsieur Klerbbs ? Si cet Indien venait à Paris, dans le monde, avec madame, au bout de trois jours on lui ferait voir qu'un Indien est un sot.

— C'est possible; mais il n'ira pas à Paris... Voulez-vous que je vous donne un bon conseil, mon voisin?

— Donnez, monsieur Klerbbs.

— Vous pouvez vous sauver encore, il en est temps; demain, à la pointe du jour, remontez à cheval et partez.

— Je ne partirai pas. J'attends une lettre de M. de Lacépède que le Télinga de Madras doit m'apporter ici. Les intérêts de la science avant tout.

— Eh, mon Dieu! mon Dieu! moi aussi, je suis venu explorer le lac de Tinnevely dans les intérêts de la science. La Société royale de Londres m'entretient à grands frais pour découvrir un ouvrage inédit sur la religion des Malabars, dont parle le Carnatic. J'ai déjà dévoré deux mille livres, et je n'ai rien découvert. En ce moment, je suis censé me promener sur les rives du fleuve Triplicam, ayant sous les pieds du sable à cuire les œufs d'autruche, et sur la tête du soleil à rôtir ma cervelle sous mon crâne! Et je mange au frais à cette table depuis trois mois!... Oh! je rougis de ma lâcheté! J'attends ici des lettres de Tranquebar. On attend toujours des lettres dans ce monde.

— Vraiment, monsieur Klerbbs, je n'ai jamais vu une femme plus séduisante, sa beauté attend une expression dans toutes les langues; elle a des cheveux d'un noir indien, qui ont des reflets adorables et un luxe tropical de végétation; elle a des yeux d'un velours limpide, qui rayonnent parfois comme deux flammes de Bengale sur l'ivoire rosé des joues ; elle a surtout...

— Arrêtez-vous là, mon cher monsieur le nouveau-venu ; vous en savez déjà trop pour votre malheur. Suivez un conseil d'ami ; partez.

— Oh ! c'est impossible, monsieur Klerbbs ; il faut que je côtoie le lac de Tinnevely...

— Vous ne côtoierez rien...

— Mais monsieur de Lacépède...

— Ah ! monsieur de Lacépède est à trois mille lieues d'ici, et vous vous moquez de lui et de tous ses oiseaux empaillés.

— Monsieur Klerbbs..... avez-vous, comme moi, surpris au passage le sourire qu'elle a lancé à son mari ?

— Certainement...

— Ce sourire m'a fait frémir ; je ne sais pourquoi.

— Ah !

— Quel sourire ! J'ai cru voir le soleil se lever à Ceylan sur un banc de perles et de corail !... Est-ce qu'elle aimerait ce mari, monsieur Klerbbs ?

— Vous vous ferez à vous-même cette question vingt fois par jour, et vous ne vous répondrez jamais.

— Oh ! mon Dieu !... à Paris... un mari de cette allure !.. Oh !...

— Mon cher monsieur Gabriel, si tous les maris

étaient de la trempe de cet Indien, il n'y aurait pas tant de malheurs en vaudevilles.... Il se fait respecter d'une lieue à la ronde, celui-là... Je vais vous citer ses deux derniers traits. L'autre jour, au bord du lac, il tua d'un coup de pistolet, à cinquante pas, un Indri de la grosseur d'un écureuil; l'animal resta sur la branche du caquier, où il mangeait des fruits rouges dont il est friand.
— Vous ne l'avez pas tué, lui dit son ex-associé Goulab en ricanant. Mounoussamy fit un de ses sourires à la *Boudha-Coura,* un sourire du *mauvais esprit* des nuits (excusez mon érudition); puis d'un bond il s'élança comme un tigre du Bengale sur l'arbre, pour saisir l'Indri mort et le montrer à Goulab; mais, au moment où sa main s'allongeait à l'extrémité du rameau flottant, l'animal tomba dans le lac, Mounoussamy se suspendit à la branche d'une main, de l'autre il ramassa l'Indri sur le lac, et se repliant sur lui-même comme un serpent, il remonta sur l'abre sans avoir mouillé un pli de son pantalon blanc. Un clown, à notre théâtre d'Athsley, gagnerait cent livres par soir pour exécuter ce tour. — Voici l'autre fait. Hier, le père de ce troupeau d'éléphants, que vous avez vu sur les bords du lac, donna de grandes inquiétudes à toute notre société : ce monstre fut atteint tout-à-coup d'un violent paroxisme, et il s'avança vers nous la trompe levée et les oreilles tendues ; il mugissait comme un volcan avant l'éruption. La belle Héva poussa un cri de terreur. Mounoussamy coupa tranquillement une forte tige d'aloès, comme vous cou-

periez un chalumeau de riz, et se précipitant sur l'éléphant, il le força de prendre un bain dans le lac, comme s'il eût été un caniche. Allez maintenant plaisanter avec des maris de ce genre-là, quand même vous seriez éléphant. L'Indien Goulab, qui est fou d'Héva, et qui connaît Mounoussamy mieux que personne, tremble comme la feuille du cassier à l'idée de réussir dans ses amours. L'autre soir, un de ces convives me disait en pâlissant : — Je suis un homme perdu ! je crois qu'Héva m'a souri.

— Quel diable de conte bleu me faites-vous là ! dit Gabriel, et quel jeu étrange jouez-vous donc tous ici ? Vous êtes vingt à vous cotiser pour faire la cour à une femme, et pour trembler devant son mari ! C'est de l'Indien tout pur, je n'y comprends rien.

—Ah ! monsieur Gabriel, si vous croyez trouver dans le Tinnevely les mœurs et les usages de la vie parisienne, vous êtes dans une grave erreur. Vous avez changé de planète. Les Parisiens sont singuliers : ils voudraient retrouver partout le boulevard de Gand, les salons de la Chaussée-d'Antin et les maris de Molière ! Eh ! mon Dieu, si l'*eat* ou l'*west India* s'habillait et parlait à l'instar de Paris, autant vaudrait rester chez soi, au coin de son feu ; ce serait une grande économie de bœuf salé, de tempêtes, de naufrages et de maux de cœur.

En ce moment, la conversation, excitée par les

boissons du Tropique, devint générale, et l'Indien même parla.

— Écoutez ce qu'on dit autour de vous, monsieur Gabriel, dit Klerbbs, et vous verrez que vous n'êtes pas dans un hôtel de la rue de Provence, ou dans un castel normand.

En effet, la conversation était sortie complétement des habitudes nauséabondes de cette vie absurde et constitutionnelle qu'on mène à Londres et à Paris. Il semblait que chacun racontait un rêve, une histoire qu'il s'attribuait, et qui ne pouvait appartenir qu'aux personnages des tapisseries chinoises, ou des bas-reliefs des temples souterrains d'Élora. Quoique les convives parlassent tous anglais, du milieu de cette langue sourde et si anguleuse, à cause des doubles V, s'élevaient à chaque instant les syllabes des belles appellations indiennes, harmonieuses comme les désinences du grec et du latin. Quelquefois le bruit des paroles s'éteignait subitement, car toutes les oreilles s'ouvraient pour recueillir la mélodie qui s'échappait des lèvres de la reine du festin. Héva contait un épisode de son enfance aventureuse : tantôt c'était un combat de buffles et de tigres que son protecteur Palmer lui avait ménagé à grands frais, pour l'amuser un instant ; tantôt elle parlait de la merveilleuse fête de son mariage, losrque Palmer changea une montagne en volcan d'artifice, versa toute une indigoterie sur une forêt d'érables et d'ébéniers élevés en bûcher jusqu'aux nues, et l'incendia pour parfumer l'air à trente milles à la ronde, et faire luire, dans la nuit, un jour bleu sur le lac Tinnevely. Elle disait aussi le galant caprice de l'Indien, son mari, qui, après avoir semé de l'or pour enlever à la côte de Coromandel tous ses pigeons blancs et verts, les plus beaux pigeons du monde, leur fit attacher aux pattes des clochettes d'argent, selon l'usage indien, et les fit échapper, comme un nuage hamonieux, par le kiosque de sa chambre nuptiale. Les nouveaux venus à ce festin, à quelque nation qu'ils appartinssent, comprenaient que l'Asie seule avait été de tout temps le pays de la fière opulence, depuis Darius jusqu'à Palmer, et que partout ailleurs la richesse même du millionnaire est étriquée et liardeuse; qu'elle s'emprisonne dans les sépulcres numérotés de ses villes; qu'elle peint à la détrempe de la pluie ses fêtes de campagne, fêtes sablées, peignées, tirées au cordeau par le compas de l'ennui; que Northumberland à Londres, et Rothschild à Paris, croient être arrivés à l'apogée du faste lorsqu'ils ont lancé une meute de trois cents chiens aboyeurs à la piste d'un renard, ou qu'ils ont écroué dans une bicoque de la Chaussée-d'Antin, pleine de sueurs au dedans, transie de pluie ou de neige au dehors, mille pauvres invités qui entendent un duo bouffe, en s'écrasant mutuellement les orteils dans des souliers de satin. L'opulence n'a jamais été comprise que dans ces régions splendides où le riche sait faire avec le soleil un magnifique échange de rayons et d'or.

Lorsque le dessert pyramidal, cueilli dans les vergers de l'Inde, vint embaumer la nappe, Mounoussamy se permit un sourire, et dit :

— Demain matin vous serez prêts à l'aube, mylords, mes convives, tous à cheval ; et je vous recommande de choisir de bons chevaux.

— Mille remerciments, nabab Mounoussamy ! vous êtes grand comme Aureng-Zeb, premier roi Marate ! s'écria l'Indien Goulab, qui ressemblait à un éléphant déguisé en homme et mugissant l'amour.

— De quoi le remercie-t-il, ce monsieur ? demanda Gabriel à Klerbbs.

— Mounoussamy a tenu sa parole, répondit Klerbbs ; il nous avait promis depuis deux mois une chasse pour demain, et nous l'aurons.

— Une chasse ! à quoi chassez-vous ?

— Au tigre. Nous ne connaissons pas d'autre gibier ici.

— Monsieur Gabriel, dit Mounoussamy d'un bout de la table à l'autre, et d'une voix qui vibrait comme un tamtam, monsieur Gabriel, êtes-vous sûr de votre cheval ?

— Oui, seigneur Mounoussamy.

— A-t-il vu le tigre, votre cheval ?

— Oui, répondit Gabriel à tout hasard ; et il ajouta tout bas : mon cheval n'est pas plus fort sur les tigres que moi.

L'Indien fit un signe de tête, et haussant la voix, il ajouta :

— Mes amis, à la dernière étoile qui se couche sur le mont de *Goala* (*des Bergers*), nous partirons. Mes écuries seront ouvertes toute la nuit ; ceux qui ne se fient pas à leurs chevaux choisiront parmi les miens. Maintenant, à votre liberté, mes amis.

Il se leva, et tous les convives se levèrent. Héva, debout, et nonchalamment appuyée au bras de son mari, distribua une vingtaine de sourires à toute la société ; chacun savoura le sien ; il n'y eut pas de jaloux.

Klerbbs et Gabriel sortirent les derniers de la salle du festin. Gabriel suivait langoureusement des yeux la séduisante étrangère, qui passait sous des arches de néfliers du Japon, et lutinait avec leurs belles fleurs flottantes sur son visage et ses épaules. Son mari lui lançait des regards de lion amoureux, des regards qui faisaient trembler les hommes. Les deux Indiens, Goulab et Mirpour, escortant de près les deux époux, essayaient de continuer la conversation du repas ; mais le maître, sans se retourner, ne leur jetait, par dessus sa tête, que des monosyllables secs et désespérants. Les autres convives se dispersaient par groupes, selon leurs habitudes et leurs amitiés.

—Vous êtes un homme perdu, dit Klerbbs à Gabriel ; ils ont tous commencé comme vous, et Circé les a changés tous en pourceaux ; il est temps encore de vous sauver, lorsqu'il vous reste un peu de forme humaine. Sauvez-vous ! Demain, quand vous vous regarderez, comme Narcisse, au miroir du lac, vous serez tenté de manger des glands et de prendre vos deux mains pour deux pieds.

L'arrivée du Télinga, ou facteur de la poste de Madras, suspendit le conseil amical de Klerbbs. Le messager indien laissa tomber le bâton aux plaques de fer flottantes qui éloignent le terrible serpent *Cobra-Cappell*, et distribua ses lettres, enfermées dans une boîte de ferblanc. Il y en avait une pour Gabriel ; monsieur de Lacépède lui envoyait le rapport qu'il avait lu à l'Académie des sciences et qui se terminait ainsi :

— ... *Tout nous fait espérer que les efforts de notre jeune et savant voyageur Gabriel de Nancy seront couronnés de succès : nous aurons bientôt un* TURRACUS-ALBUS *à montrer à la jalouse Albion ; et la plus belle collection ornithologique, dont l'Europe s'honore, ne sera plus déparée par une lacune, indigne du muséum français.*

— C'est bon ! c'est bon ! dit Gabriel qui s'était mis à l'écart pour lire sa lettre.

Il chercha Klerbbs, mais il avait disparu. Resté seul, il s'appuya contre un pilier du *chattiram*, et se soumit à un examen. Ce qu'il aperçut au fond de son âme le fit trembler ; c'était un amour chauffé à quarante degrés Réaumur.

— Au bout de quelques heures, j'en suis donc là ! s'écria-t-il mentalement ; mais comment finissent les amours qui débutent ainsi ?

Et il froissa la lettre de monsieur de Lacépède dans ses mains.

Autour de lui les hommes avaient fait silence ; mais la nature était pleine du fracas solennel des nuits de l'Inde : sous le ciel étoilé du Tinnevely, tout prend des dimensions colossales ; dans nos campagnes d'Europe, il y a des champs de grillons sous les herbes, et des coassements sous les roseaux des marais ; mais dans ce coin de l'Inde, les nuits retentissent du rugissement des tigres qui se disputent l'abreuvoir ; ce sont les grenouilles du lac de Tinnevely.

— Oui, se dit Gabriel, cette nature doit donner un amour puissant comme elle ; un amour qui éclate et grandit dans une nuit comme la tige de l'aloës !... Je chasserai le tigre demain..... et la tigresse au retour.

En rentrant dans la maison, il remarqua les deux Indiens Goulab et Mirpour qui se parlaient mystérieusement.

## II

### La Chasse aux Tigres.

A l'heure où les bengalis s'éveillent et chantent sur la haute feuille des *Tennamaram*, douze Péons à cheval et la carabine en bandoulière étaient déjà échelonnés sur la route déserte qui mène à la montagne de Goala. Les chasseurs européens arrivèrent ensuite, tous armés comme des forteresses, et vêtus de blanc ; puis les deux Indiens Goulab et Mirpour ; le dernier venu fut Mounoussamy.

A la clarté des candélabres qui brûlaient sur la terrasse de l'habitation, Gabriel ne reconnut qu'à peine l'heureux époux d'Héva, tant il était changé à son avantage. Mounoussamy avait pris le costume de *Kouvéra*, le dieu des richesses ; il était nu jusqu'à la ceinture, et son pantalon de cachemire rouge semé de fleurs tombait en se rétrécissant sur la cheville que pressait un anneau d'or : il montait aussi, comme *Kouvéra*, un cheval blanc d'ivoire, dont l'extrémité de la queue avait une teinte écarlate, et qui agitait trois colliers de perles à son poitrail. L'Indien et le cheval semblaient ne composer qu'un seul être, lorsqu'ils passèrent devant la troupe des chasseurs. Le cavalier emportait son cheval à la pointe de ses genoux, et laissant flotter la bride rouge comme un ornement inutile, il agitait d'une main sa carabine, et de l'autre il jetait des pièces d'or aux mendiants, nommés *Vingadassan*, qui apaisent par leurs prières les *shaktis*, divinités terribles, redoutées des chasseurs indiens.

Le chef des Péons distribua aux siens une provision de feuilles de bétel, mêlées avec avec la noix d'arec, et saupoudrées avec de la chaux de coquillages. Les Péons mâchent cette drogue comme nos marins le tabac. Un porteur d'eau du Gange passa en criant : *Gangaï-Tirtam* !

Les chasseurs indiens, restés fidèles au culte de *Siva*, et dont le front était marqué de la poudre blanche, trempèrent leurs cheveux et leurs doigts dans l'eau apportée du fleuve saint, et regardèrent de travers leur maître apostat, qui ne touchait pas l'eau du Gange. Moumoussamy ne remarqua pas cet incident.

Enfin, le fauconnier donna le signal du départ au son du *Kidoudi*, espèce de tambour qu'on bat avec une seule baguette, et, comme un vol d'hippogriffes, les chasseurs s'élancèrent du lac vers les montagnes du nord.

Quand l'aurore versa dans le ciel ses teintes safranées, la caravane modéra l'ardeur de sa course, et les chevaux allèrent le pas. Un silence profond régnait dans ces solitudes, où rien n'annonçait le passage de l'homme ; le velours épais des hauts gazons amortissait même le bruit des pieds des chevaux. C'était en ce moment un spectacle magnifique. Quarante cavaliers, muets comme des statues équestres, traversaient une prairie vierge, tout émaillée de fleurs agrestes que la Flore indienne ne mentionne pas. En tête se pavanait gracieusement le mari d'Héva, qui ressemblait à Wichnou visitant ses pagodes ; les douze Péons l'escortaient, tous coiffés du turban rouge, la lèvre chargée d'une moustache noire, la carabine au dos, la peau de tigre flottante sur le cheval. Les voyageurs et les savants européens fermaient la marche, chevauchant deux à deux, et jetant, par intervalles, quelques regards en arrière, pour découvrir le lointain et bienheureux horizon où dormait, sous un dôme de palmiers, la belle et blanche reine du Tinnevely.

En sa qualité de Français et de savant, Gabriel ne s'accommoda pas longtemps de ce silence forcé qui était une des rigueurs de cette terrible chasse ; il se rapprocha, jambe contre jambe, de son ami de la veille, le philosophe Klerbbs, et engagea une conversation à la sourdine avec lui.

— Ma parole d'honneur ! dit-il, il faut être fou comme ce mari de pagode, pour quitter ainsi sa femme et courir après un tigre fabuleux !... Quant à moi, je ne crois pas aux tigres, à moins qu'ils ne soient dans des cages ou empaillés. Ce que je vois de plus clair dans cette chasse, c'est un soleil qui se lève là-bas sur un rocher noir, et qui va nous brûler la cervelle avant midi. Mon cher monsieur Klerbbs, je suis tenté de battre en retraite ; voulez-vous retourner avec moi à l'habitation du Lac ?

— Y pensez-vous, mon cher monsieur ; vous oseriez donner votre démission de soldat en face de l'ennemi ! Un Français ! Oh ! que dirait le *Madras-Review ?*

— Mais quand l'ennemi n'existe pas, il y a pas de déshonneur à se retirer devant lui.

— Cela est vrai, mon cher monsieur Gabriel ; mais ici l'ennemi existe, croyez-le bien. Regardez les Péons qui flairent le vent ; regardez Mounoussamy qui tient sa carabine en arrêt. Nous sommes dans les tigres jusqu'au cou ; cette prairie est émaillée de tigres, je le crains.

— Je vous crois, sir Klerbbs ; mais je comptais si peu sur le gibier que je n'ai pas chargé ma carabine et mes pistolets d'arçon. Avez-vous de la poudre et des balles ?

— Voici ma provision ; prenez... et ne mettez pas une charge de Touraco.

— Oh ! voyez, sir Edward, une charge affreuse ! je crains plus pour ma joue que pour le tigre... Hélas ! je suis obligé de bourrer mes armes avec une moitié de lettre de monsieur de Lacépède ! Si le *Journal des Savants* savait cela !

— C'est bien ; vous voilà prêt, monsieur Gabriel ; le tigre peut venir.

— Mais encore une fois, sir Edward, concevez-vous cette rage de M. Mounoussamy ?

— Certainement, je la conçois ; cet Indien est un fin drôle qui a un projet et qui ne serait pas fâché de donner en pâture aux tigres une brochette de quelques amoureux de sa femme : il travaille à cela en ce moment. Mais je connais des gens qui sont encore plus fins que lui...

— Vraiment, sir Edward ?

— Chut ! parlons beaucoup plus bas, monsieur Gabriel. Il y a des mystères qui chevauchent avec nous... vous êtes le dernier venu, et vous ne savez rien... je suis des anciens, moi !

— Il y a des mystères, sir Edward ?

— Eh ! cela vous étonne ! il y en a partout des mystères. Dans nos pays froids, où le soleil ne brille que par son absence, il y a de petits mystères de boudoir et du coin du feu qui sont clairs comme le jour et qui se ressemblent tous. Dans ces régions splendides et ardentes, il y a des mystères ténébreux que la passion invente et qui ne se ressemblent pas... Vous ouvrez de grands yeux, monsieur Gabriel. Quand vous les ouvririez davantage, vous ne verriez rien.

— Sir Edward, vous piquez singulièrement ma curiosité avec vos énigmes...

— Oh! vous en trouverez bientôt le mot vous-même, et vous m'épargnerez une indiscrétion.

— Il faut vous dire, sir Edward, que je n'ai jamais deviné une énigme de ma vie.

— Vous commencerez aujourd'hui.

— Un peu de complaisance, sir Edward Klerbbs, mettez-moi sur la voie...

— Vous y êtes, mon cher compagnon, vous y êtes à cheval... Dites-moi, que voyez-vous autour de vous ?

— Un désert et des cavaliers.

— C'est tout ?

— Oui, il me semble, sir Edward Klerbbs... c'est tout.

— Vous ne voyez pas qu'il y a des passions ardentes, inexorables, qui rugissent autour d'un homme ! Vous ne voyez pas que les plus tigres ne sont pas ceux que nous cherchons ?

— Je ne vois pas cela.

— Ah ! mon Français volage et léger, vous avez étudié le cœur de l'homme dans Molière et Labruyère, n'est-ce pas ?

— Quelle diable de question me faites-vous là, sir Edward ?

— Oui, mon cher compagnon ; nous avons, vous à Paris, et nous à Londres, deux ou trois observateurs à lunettes qui ont étudié le cœur de l'homme dans le département de la Seine et dans le comté de Middlesex, et qui ne se sont jamais doutés que le monde était habité, au-delà de Montmartre et d'Hamstead, par des millions de cœurs humains qui ne ressemblaient nullement à ceux qu'ils avaient étudiés dans le *Misanthrope* ou le *Scandals-School*! Le sot qui a dit : — *Tutto mondo e fatto come nostra famiglia*, était un Italien paralytique de Florence, qui n'a jamais quitté son troisième étage de la place du Marché-Neuf.

— A la bonne heure ! sir Edward Klerbbs ; mais où voulez-vous donc arriver avec vos éternelles préfaces ?

— Je veux arriver à plusieurs choses, mon cher monsieur ; avant tout, je veux vous prouver que, dans cet ouragan d'amour qui mugit autour d'Héva, je suis le seul qui garde son sang-froid et son cœur libre... Hier je vous ai trompé... je ne suis pas amoureux.

— Vous n'êtes pas amoureux !...

— Je ne le suis jamais ; c'est mon principe. J'ai quitté Londres, parce que Adisson m'ennuyait avec son livre d'observations qui n'observe rien. J'ai voulu étudier le cœur humain dans l'Asie indienne, monde à part, où les fleurs sont des arbres, où les canaux sont des fleuves, où les fleuves sont des mers, les fontaines des cataractes, les chiens des lions, les chats des tigres, les chevaux des éléphants. Le hasard m'a poussé dans l'habitation de ce nabab, et j'y vois représenter depuis trois mois une comédie auprès de laquelle le *Misanthrope* est l'alphabet de l'intrigue et de l'observation. Chez nous, avec nos visages blancs, rasés et grêles, nous trahissons à chaque instant nos petites luttes intérieures ; mais ici avec leurs faces d'airain, les hommes se dérobent à l'exploration de l'œil le plus intelligent ; il n'y jamais un pli sur leur chair de métal. Je suis obligé d'être sorcier pour deviner une seule parole de mon voisin. Aussi quel triomphe lorsque je surprends une pensée sous ces épidermes de bronze ! Je me voterais volontiers une statue et des autels.

Gabriel fit un signe d'impatience très-significatif, et Klerbbs, s'apercevant que ses longs préambules fatiguaient son interlocuteur, parla plus clairement.

— Je vois, poursuivit-il, je vois, mon cher compagnon, que vous êtes un de ces hommes qui ne devinent rien. Le temps presse, il faut vous faire toucher les choses au doigt. Dans un instant, peut-être, je puis avoir besoin de votre courage et de votre bras.

— Ceci est clair, sir Edward Klerbbs ; comptez sur moi.

— Oh ! le danger n'est pas pour ma tête ; il ne menace que l'Indien, notre amphitryon.

Gabriel arma sa carabine et ses pistolets, et se raffermit sur ses étriers.

— Mon très-cher compagnon, poursuivit Klerbbs mystérieusement, Mounoussamy joue depuis trois mois une partie d'échecs avec Goulab et Mirpour ; c'est aujourd'hui qu'il doit être *mat*. De part et d'autre, les *pièces* sont habilement poussées ; je suis leur jeu et je juge les coups....

— Ils veulent assassiner le mari d'Héva ?

— Vous n'y êtes pas. Ils ne veulent point l'assassiner ; ils sont trop religieux, trop lâches, trop fins, pour verser du sang à la mode des Européens, qui se font empoigner sottement par des procureurs du roi... Ils ont livré Mounoussamy aux tigres, et les tigres ne craignent ni les cours d'assises, ni l'échafaud.

— Et les vingt Péons qui lui servent de gardes du corps ? et nous ?

— Nous !... nous ferons ce que nous pourrons... Quant aux vingt Péons, ils ne feront rien ; ils sont vendus à Goulab. Ils appartiennent comme lui à la secte intolérante de Siva, et ils ne pardonnent pas son apostasie à Mounoussamy.

— Et Mounassamy connaît-il tous ces horribles projets ?

— Le rusé coquin les soupçonne, mais il veut les voir s'accomplir à ses risques et périls. Dailleurs, il compte sur son courage, sur sa force, sur son cheval. Vingt fois j'ai ouvert la bouche pour lui faire part de mes observations, mais il me l'aurait fermée avec ses mains de bronze ; je connais mon Indien. Maintenant, assez causé. L'œil aux tigres, qu'ils aient quatre pattes ou deux pieds !

Le paysage qui s'étalait en ce moment devant la caravane était plein de grâce et de fraîcheur. Il était impossible qu'une pensée de mort et de sang osât s'élever au milieu de cette nature virginale et tranquille, qui semblait ne se revêtir de tous ses attraits que pour les oiseaux et le soleil. La petite rivière de Lutchmi, ornée de deux épaisses franges de gazon, s'échappait des profondeurs d'un vallon mystérieux, et descendait avec un bruit charmant vers un horizon de collines, où elle se perd dans l'abîme nommé le *Gouroul*. C'est une des merveilles de l'Inde. La rivière Lutchmi arrive par une pente insensible à la gueule énorme du Gouroul ; elle se détache en nappe verticale d'azur et tombe dans un gouffre d'une profondeur inconnue. Aucun bruit n'accompagne cette immense chute d'eau qui éteint son fracas dans les entrailles de la terre, et ne le fait pas remonter aux oreilles humaines. Seulement, une trombe de fumée s'élève de l'abîme, et semble plutôt appartenir à un soupirail des feux infernaux qu'à l'écume d'une cataracte brisée dans de ténébreuses horreurs. C'est avec une sorte d'épouvante qu'on découvre cette prodigieuse masse d'eau, qui s'écoule en silence et ne réveille aucun écho, ni dans sa tombe ni sur les flancs escarpés du mont Goala. A l'autre bord du gouffre, la terre n'étant pas tourmentée par le tranchant de la cataracte, se hérisse d'un incroyable luxe de végétation ; elle jette horizontalement des arbres sauvages qui semblent vouloir faire par imitation une cascade de verdure, et combler leur moitié d'abîme avec des masses flottantes de rameaux échevelés.

Le signal de halte fut donné sur les bords de la rivière de Lutchmi. La caravane avait fait environ dix lieues. Les Péons préparèrent le repas et mirent le couvert sur le gazon. Mounoussamy détacha trois éclaireurs habitués à flairer le tigre, comme les chiens le cerf ; et la première faim assouvie, on plaça des sentinelles, comme en pays ennemi, et chaque chasseur, s'abritant dans une fraîche alcôve de verdure, usa de la permission qui lui était donnée de se reposer ou de dormir en attendant le cri indien du réveil.

Le soleil avait fait un peu moins des deux tiers de sa course, lorsque les chasseurs remontèrent à cheval. C'était l'heure que les Indiens jugent la plus favorable pour la chasse au tigre. Les éclaireurs venaient d'arriver, et Mounoussamy, après avoir écouté leur rapport, établit son plan d'attaque. Il donna ordre à dix Péons d'envahir par un long détour, les gorges de Ravana, toutes peuplées de tigres, et de pousser le formidable gibier dans le vallon opposé de Lutchmi, où les autres chasseurs devaient s'embusquer derrière un épais rideau de cocotiers.

Les Péons lièrent leurs chevaux à des arbres, et, après avoir frotté avec des fleurs de tulipiers leur pieds nus, durs comme du bronze et souples comme des griffes d'aigle, il s'élancèrent de la plaine aux corniches saillantes des gorges de Ravana. De ces hauteurs inaccessibles, les yeux du Péon plongeaient sur les épais buissons de lianes et de houx qui recélaient la famille des monstres du Bengale ; et quand une tête énorme de tigre effarouché s'allongeait avec des contractions de rage par dessus les feuilles, et flairait l'air où passait quelque ennemi, aussitôt d'énormes blocs de rocher pleuvaient en mille éclats sur l'alcôve révélée, et la famille bondissait à découvert, en poussant un rugissement d'alarme qui pénétrait dans les plus secrètes tanières des gorges de Ravana.

Les tigres, comme tous les animaux d'un naturel intraitable, vivent seuls et ne fraient jamais avec leurs voisins. Les mâles se font une guerre acharnée à l'époque de leurs amours; mais, dès qu'ils sont établis convenablement, ils s'accordent une trêve, et se contentent de se saluer de loin par une effroyable contraction de narines, lorsqu'ils vont à la curée ou à l'abreuvoir. L'instinct de la conservation et de la propriété les obligeant à veiller sur les domaines que la nature leur donna, et qu'ils doivent transmettre intacts à leurs enfants, ils suspendent soudainement leurs inimitiés pour repousser l'ennemi commun, lorsque l'homme les menace d'une expropriation. Alors ils forment une alliance momentanée, qui finit avec le danger. Telles sont les mœurs des tigres du Bengale, les plus beaux animaux de la création, n'en déplaise à l'homme orgueilleux, habillé par Humann.

Klerbbs et Gabriel, embusqués, comme les autres chasseurs, à l'entrée du vallon de Lutchmi, sentirent tout-à-coup frissonner leurs chevaux, comme si un accès de froid polaire les eût saisis brusquement.

— Voilà les tigres! s'écria Mounoussamy.

Une pâleur mortelle couvrit une douzaine de visages européens. Gabriel et Klerbbs soutinrent dignement l'honneur de leurs nations : il caressèrent leurs chevaux dont les oreilles s'allongeaient démesurément, et qui soufflaient un ouragan par les narines ; ils examinèrent l'amorce de leurs carabines, et coururent se placer à côté de Mounoussamy. L'Indien leur tendit la main, et les félicita par un geste sur leur bonne contenance.

— Je ne reconnais pas mes chevaux de chasse, dit Mounoussamy ; ils tremblent comme des gazelles.

Goulab et Mirpour gardèrent un visage impassible, et ne parurent pas remarquer le regard accusateur que leur lançait l'Indien.

— Est-ce vous, Goulab, qui avez choisi les chevaux ? dit Mounoussamy.

Goulab fit un signe négatif.

— Est-ce vous, Mirpour ?

Même signe négatif. Klerbbs lança un coup d'œil rapide à Gabriel.

Les yeux noirs de Mounoussamy rayonnèrent comme deux tisons qui s'enflamment ; il ne soupçonnait plus la trahison, il la tenait évidente dans ses mains. Malheureusement il fallait songer à se défendre contre des ennemis bien plus terribles que les deux Indiens.

Un tigre énorme, vomi des gorges de Ravana, traversait la plaine, qui ne lui offrait aucun abri, et se dirigeait vers la vallée de Lutchmi. Il traçait dans l'air, à chaque bond, une ellipse immense, et l'œil fasciné du chasseur, qui embrassait à la fois vingt de ces bonds, tant ils étaient rapides, croyait voir un pont de tigres à vingt arches se former et disparaître à l'instant. Le monstre s'arrêta tout-à-coup à cent pas du rideau de verdure qui cachait les ennemis, et poussa un miaulement sourd, semblable au son prolongé de l'orgue qui s'éteint dans les tons graves. Sa peau, d'un fauve doré, rayonnait au soleil comme un manteau de brocard vénitien veiné de bandes d'ébène ; ses quatre pattes, tendues en raccourci, se balançaient sur leurs jointures ; sa queue horizontale ondulait comme un serpent, et la rude peau de son mufle, retirée vers les yeux par une contraction furieuse, laissait à découvert ses dents d'ivoire, aiguisées comme des poignards.

Les hennissements que poussaient les chevaux ressemblaient à des plaintes articulées sortant de poitrines humaines ; leurs crinières s'agitaient comme des tresses de couleuvres vivantes ; les cavaliers luttaient avec eux pour les retenir immobiles sur le même terrain ; mais du côté des hommes la force s'épuisait, et du côté des animaux la terreur, arrivée au comble, n'écoutait plus l'ordre muet de la bride et de la main.

La carabine de Mounoussamy s'abattit et fit feu. Le tigre poussa un cri rauque ; il se dressa sur ses pattes de derrière, et avec ses pattes de devant il saisit son mufle et le secoua vivement comme pour en arracher la balle qui venait de l'atteindre. Puis il s'étendit à plat ventre et rampa comme un boa en frottant avec rage son mufle contre le gazon, et, se relevant encore de toute sa hauteur, il se lança par bonds désespérés vers les roseaux de la rivière de Lucthmi.

— Blessé! blessé! s'écria Mounoussamy ; et il précipita son cheval dans la direction du tigre, ses pistolets à la main. Au même instant, deux autres tigres tombaient au vol des gorges de Ravana.

Les cavaliers européens ne purent maîtriser davantage leurs chevaux, ils furent emportés sur la route du lac de Tinnevely avec toute la furie d'élan que le délire et l'effroi donnaient aux pieds de ces animaux. Klerbbs et Gabriel sautèrent courageusement à terre pour ne pas abandonner Mounoussamy. Goulab et Mirpour suivirent au galop les autres Européens, et tous ces déserteurs disparurent en un clin d'œil dans les bocages de l'horizon méridional.

Gabriel et Klerbbs passèrent la rivière de Lutchmi, nageant d'une main et tenant de l'autre au-dessus du niveau de l'eau leurs carabines et leurs pistolets. Ils mettaient ainsi la petite rivière entre eux et les tigres, et pouvaient secourir avec leurs armes l'Indien isolé sur l'autre rive et engagé avec ses formidables ennemis.

Emporté par son ardeur, Mounoussamy courait toujours sur le tigre blessé, et il l'atteignit à peu de distance du Gouroul ; le monstre reçut là le coup de grâce ; il expira en déchirant le gazon avec ses dents.

Mounoussamy se retourna et se vit seul.

Gabriel et Klerbbs, privés du secours indispensable que donne le cheval dans cette terrible chasse, n'avaient pris conseil que de leur courage en se faisant piétons pour venir en aide à l'intrépide nabab; mais, en suivant la rive gauche du Lutchmi, ils rencontrèrent dans les accidents d'un terrain marécageux et entrecoupé de ravins des obstacles insurmontables : en cet endroit, la rivière était profondément encaissée et si rapide, qu'ils ne pouvaient la traverser sans s'exposer à une mort certaine; d'ailleurs, quels secours auraient-ils pu donner en se replaçant sur l'autre rive, lorsque de nouveaux et de plus terribles rugissements, multipliés par les échos, leur annonçaient que les gorges de Ravana semblaient vomir toute la population féline du Bengale? Nos deux voyageurs, excités par une poignante curiosité, grimpèrent sur un arbre qui dominait ces solitudes, et Klerbbs, arrivé le premier au dernier échelon de l'observatoire végétal, dit à Gabriel, en lui montrant un horrible troupeau de monstres fauves veinés de noir :

— Eh! mon ami, croyez-vous aux tigres, maintenant?

— Ils passeront la rivière, dit Gabriel en plaçant sa carabine et ses pistolets en affût dans les branches de l'arbre.

— Je les en défie. Là, devant nous, la rivière paraît calme; c'est un torrent... Mais l'Indien! l'Indien! où est-il?

— Sir Edward, regardez là-bas... au midi... ce sont les Péons qui ont repris leurs chevaux cachés dans le bois, et qui nous abandonnent aussi comme les autres.

— Eh ! mon Dieu ! je l'avais prévu. Ils ont déchaîné les tigres contre Mounoussamy, et maintenant leur métier est fait... Les lâches !

Un cri de désespoir, un cri surhumain et corrosif comme un tam-tam, un cri impossible à noter, et qui semblait sortir de la poitrine d'un colosse de bronze animé dans un rêve, remplit ces solitudes et leur donna soudainement un caractère inexprimable de désolation. L'Indien avait poussé ce cri : il venait de voir se consommer la trahison dans la fuite des Péons ses domestiques ; il se trouvait seul avec ses trois coups de feu dans la main, devant une meute de tigres qui tombaient des montagnes en bondissant, comme un torrent animé dont chaque vague aurait eu des yeux de flamme, des dents d'acier et une tempête de rugissements. Klerbbs et Gabriel découvrirent alors le malheureux Indien qui sortait d'un massif d'arbres et poussait vigoureusement son cheval vers des rochers sombres qui fermaient l'horizon comme un rempart.

— Oh ! s'écria Gabriel, il faut le secourir à tout prix !

Et il allait s'élancer au pied de l'arbre ; Klerbbs le retint d'un bras vigoureux.

— Mon ami, lui dit-il, voici la nuit ; il nous faut une heure pour atteindre Mounoussamy, en passant sur les corps de vingt tigres. Voulez-vous tenter le coup ? Dites oui, et je tombe de l'arbre avant vous.

Gabriel prit ses cheveux noirs à deux mains et ne parla plus.

La nuit, qui descend toujours si vite dans ces régions équinoxiales, arrivait avec ses horreurs. A la deuxième teinte du crépuscule, nos deux voyageurs assistèrent aux efforts suprêmes de l'Indien. La meute des tigres le suivait au vol ; et lui, arrivé au rempart de rochers, se dressa debout sur son cheval, comme pour l'escalader à l'aide de ses ongles de fer. Retombé sur sa selle, il lança de nouveau son cheval sur le chemin escarpé qu'il avait parcouru ; et, profitant d'un moment d'effroi que deux coups de pistolet tirés sur les tigres venaient de leur donner, il les sillonna comme un vent et atteignit sans blessure les rives du fleuve ; aussi lestes que son cheval, les plus agiles des bêtes fauves tombèrent en même temps sur les roseaux du Lutchmi ; l'Indien désarmé sentit bientôt leur souffle ardent à ses pieds nus ; debout comme un écuyer du Cirque sur le dos de son cheval, il lutta quelque temps encore, en meurtrissant avec le bois de fer de sa carabine les mufles béants allongés vers lui. Le cheval, ensanglanté bientôt et déchiré sur sa croupe par des dents furieuses, emporta son maître du côté de l'abîme du Gouroul. Les tigres se réunirent tous pour livrer un dernier assaut. Le cheval chancela sur ses jarrets brisés ; l'Indien vit douze gueules enflammées s'entr'ouvrir, et, du haut de sa selle qui s'écroulait sous lui, il s'élança dans le Gouroul, au milieu des ténèbres de la nuit et de l'abîme.

## III

### Après la Chasse.

Gabriel et Klerbbs avaient seulement entrevu, à la lueur des premières étoiles, l'effroyable drame qui venait de se dénouer dans les abîmes sans fond du Gouroul. Quelque temps encore, ils entendirent une plainte lugubre et intermittente qui attestait l'agonie du cheval ou du cavalier ; les rugissements avaient cessé, mais des râles stridents et prolongés annonçaient que la furie des bêtes féroces s'exerçait contre un cadavre. Enfin la rive droite du Lutchmi devint silencieuse : les tigres avaient regagné les gorges de Ravana.

Nos deux voyageurs descendirent de l'arbre, et ils ne perdirent pas de temps à se communiquer leurs impressions ou à prendre un parti. Les yeux fixés vers les étoiles du midi, ils s'éloignèrent avec lenteur et précaution des rives de ce fleuve de mort. A chaque frémissement de feuilles, ils s'arrêtaient le cou tendu, l'oreille au bruit, courbés comme des chasseurs qui craignent d'effrayer le gibier ; la main droite à la détente de la carabine, la gauche allongée sur le canon ; mais, cette fois, c'était le gibier qui chassait le chasseur. Puis ils se disaient, par un signe de tête :

— Ce n'est rien, il faut poursuivre notre marche !

Et ils cheminaient encore à tâtons, d'un pas de funambules, la respiration supprimée, les yeux au bout des pieds, craignant toujours de réveiller un tigre endormi, de rouler dans un nid d'hyènes, de troubler quelque puissant hyménée de panthère ou de serpent. Quelquefois, lorsqu'une arête vive et tortueuse de broussailles, comprimée sous les talons, se relevait en se roulant autour de la jambe, un frisson mortel glaçait leurs veines, car ils se croyaient piqués par le terrible *Cobra-Cappell* qui siffle sur les grèves de la Triplicam au brûlant milieu du jour, et qui, la nuit, s'engourdit dans la mousse des collines, et se replie en trois cercles comme un bracelet oublié au désert par la belle Svahâ, épouse d'Agni, le dieu du feu.

Ces angoisses dévorèrent les deux voyageurs tant que les étoiles brillèrent au ciel. A l'aube, les objets rapprochés se dessinèrent et reprirent leur forme naturelle. Gabriel rompit le premier le silence en disant :

— Béni soit le jour ! je suis comme Ajax, fils de Télamon, je suis poltron la nuit.

Et après une pause :

— Êtes-vous bien sûr, dit-il à Klerbbs, que nous avons marché dans la direction du lac de Tinnevely ?

— Moi ? je ne suis sûr de rien ! répondit le gentilhomme anglais. Nous avons marché au hasard ; il me semble qu'il y a dix nuits que nous marchons, et je ne serais pas étonné de me trouver en Chine au lever du soleil.

— Voilà pourtant bien la constellation de la *Croix du Sud* avec laquelle nous nous sommes dirigés...

— La *Croix du Sud*, mon cher Gabriel ? Le diable me caresse si j'ai remarqué une seule fois les étoiles, à moins qu'elles n'aient roulé sous mes pieds ! j'avais l'œil au tigre et au serpent.

— Tenons conseil, Klerbbs.

— Soit, tenons conseil, je vous écoute ; commencez ; la séance est ouverte.

— Attendons le lever du soleil ; dès que nous connaîtrons l'est, nous connaîtrons les autres points cardinaux.

— Adopté ! La séance est levée.

— Asseyons-nous et causons.

— Nous pouvons même dormir un peu. Je crois, si je ne me trompe, que nous sommes sur le sommet d'une montagne ; on ne risque rien ici... dormons ; je suis brisé.

— Dormir ! Êtes-vous fou, Klerbbs ? Ne craignez-vous pas de vous réveiller dans le ventre d'un lion ?

— Gabriel, je suis comme vous pour les tigres, je ne crois pas aux lions, à moins qu'ils ne soient en cage ou empaillés.

— Ce pauvre Mounoussamy !...

— Ah! nous avons assez pleuré sur lui... c'est un malheur consommé... Les maris qui ont de trop belles femmes font toujours mauvaise fin. C'est une leçon dont je profiterai.

— Oh ! sir Klerbbs, ne plaisantons pas sur cette horrible catastrophe.

— Gabriel, ne faites pas trop le vertueux ; on dirait que nous sommes en Europe. Nous sommes dans l'Inde, du moins je le suppose, car je crains furieusement au lever du soleil, de rencontrer un Chinois... Or, en faisant la part de la douleur que vous cause, ainsi qu'à moi, la triste mort de Mounoussamy, vous devez trouver, après vos larmes, une secrète et honteuse consolation dans le veuvage de la belle Héva. Vous êtes jeune, vous êtes Français, vous avez la grâce et l'esprit de votre nation, vous êtes pauvre aussi, en votre qualité de savant ; eh bien, avec tous ces avantages, vous devez l'emporter, après le deuil, sur tous vos rivaux. Voyons, parlez-moi franchement, Gabriel ; avouez que mes paroles ne sont que l'écho de votre pensée. Gabriel, vous avez déjà fait votre plan.

— Mais quelle fureur avez-vous de plaisanter ainsi ? Moi, j'ai encore dans la tête tous les tigres du Bengale qui me rongent la cervelle. Comment diable voulez-vous que je songe ?...

— Vous y songez, Gabriel ; je connais les cœurs humains ! Cependant je n'insiste pas, j'attends demain...

à moins que nous ne soyons dans un autre pays. Parole d'honneur ! je crois que cette montagne est un bastion de la muraille de la Chine !

— Klerbbs, ouvrez les yeux ; je m'aperçois que vous parlez en rêvant. Levez-vous donc, voici le jour... Allons, debout !

— Vive le jour ! Je fermais les yeux pour ne pas voir la nuit... Oh ! quel admirable point de vue ! quel grand et magnifique paysage ! Il me semble que je suis à Richmond, au balcon de *Star and Garter*, première auberge du monde !... Mais tout ce paysage indien ne vaut pas un déjeuner. Je meurs de faim ; je mangerais un lion !

— Eh bien ! mon cher Klerbbs, levez-vous et doublons le pas ; nous déjeunerons.

— Et où ?

— Parbleu ! à la maison de Mounoussamy !

— Ah ça ! vous croyez donc que la veuve continuera à tenir auberge pour les passants ?... Nous trouverons la maison vide ! La veuve ne recevra personne dans son désespoir... Notre déjeuner est très-compromis... N'importe ! il faut continuer notre chemin... D'abord, orientons-nous... Le soleil va se lever là... l'habitation de la veuve est donc dans cette direction, en face, au midi... Oui, voilà au nord, je crois, le Mont-des-Bergers, où nous avons fait une si belle chasse !... Il faut descendre dans la plaine et marcher droit devant nous... Allons !.. nous arriverons toujours quelque part.

Le soleil n'était pas levé, mais la campagne déjà s'inondait de cette lumière qui resplendit avant l'astre à l'horizon de l'aurore. On voyait dans le lointain se glisser rapidement au carrefour des bois ou au gouffre des vallées d'horribles formes de monstres indiens, ivres de sang, qui se hâtaient de regagner leurs tanières, comme si la nature leur eût défendu de troubler par leur présence la douce sérénité du soleil levant. Les arbres gigantesques, disséminés sans nombre sur une plaine sans limites, paraissaient comme des courtisans immobiles et silencieux qui attendent le lever d'un roi. Sous quelques-uns de ses merveilleux aspects, la campagne ressemblait à une belle femme qui se pare pour recevoir son époux : elle déroulait sa chevelure de rizières blondes, elle pendait à son cou un petit fleuve sinueux comme un collier d'argent, elle faisait saillir du milieu de deux collines charmantes de superbes tiges d'aloës épanouies comme un bouquet de fiancée, elle se voilait d'une prairie comme d'une robe de cachemire à mille fleurs. Quand le soleil, qui se lève sans ennui depuis six mille ans, pour se donner à lui seul le spectacle de ce paysage inconnu et sublime; quand le radieux époux de cette nature se révéla sur la montagne Bleue, comme un œil d'or qui s'ouvrirait tout-à-coup au front d'un géant, toute la campagne sembla tressaillir sous les embrassements du ciel ; une harmonie, formée de toutes les voix des arbres, des fleuves, des cascades, des oiseaux, des torrents, des fleurs, des vallées, des collines, éclata partout, comme l'hymne premier, chanté à l'aurore de la création.

Nos deux voyageurs oublièrent longtemps la fatigue et la faim devant ce spectacle merveilleux; mais ils rentrèrent bientôt dans les réalités de la vie en s'apercevant avec effroi que cette nature si belle était remplie d'embûches et que son éclat ne donnait que l'aveuglement. Rien dans tout ce qu'ils voyaient ne leur rappelait un seul des sites parcourus la veille avec la caravane de chasseurs; ils marchaient sur une terre inconnue, et leurs yeux, qui interrogeaient des horizons infinis, ne rencontraient aucun arbre isolé, aucun accident de terrain, aucune forme saisissante de colline déjà saluée par eux en sortant de l'habitation du Tinnevely. Décidément, ils avaient été séparés par une chaîne de montagnes de la côte de Madras, et leur course haletante et aveugle de la nuit les avait entraînés sous un autre ciel et vers les rivages d'une autre mer. Le pays qu'ils traversaient les épouvantait par moment, à cause de sa beauté singulière; rien, du premier coup d'œil, n'annonçait le désert : ce n'était pas la plaine du Nil ou la forêt vierge d'Amérique, ou quelque autre de ces paysages qui se couvrent des horreurs de la solitude et avertissent le voyageur de ne pas s'aventurer dans ces domaines de la désolation. Sur cette partie de l'Inde, la terre semble cultivée avec soin, arrosée avec amour; on s'attend à chaque pas à voir arriver les laboureurs et les bûcherons, et à surprendre derrière les massifs d'arbres un clocher de village ou une vaste métairie animée par une famille joyeuse de fermiers. L'effroi vous saisit enfin lorsque vous avez reconnu que toute cette richesse n'appartient à personne ; que ces arbres se découpent gracieusement, ces collines s'arrondissent, ces petits fleuves coulent avec amour, ces prairies se couvrent de fleurs pour les tigres, les hyènes, les lions, les éléphants, seuls maîtres souverains de cette région splendide, fille aînée de la mer et du soleil.

Les fruits sauvages qui pendaient aux arbres dans ce grand verger de la nature ne donnaient qu'un soulagement passager à la faim de nos deux voyageurs. L'horizon se déroulait toujours devant eux dans la même uniformité d'étendue infinie ; six heures de course ardente ne les rapprochaient pas d'une coudée : toujours des montagnes après les collines, des plaines après les montagnes, des forêts après les plaines, des prairies après les forêts, des roches nues après les prairies; toujours une campagne inépuisable, écartelée de verdure et d'aridité puissantes toutes deux.

Après un silence fort long, qui ressemblait à la sombre méditation du désespoir, Klerbbs, qui marchait le premier, s'arrêta et dit à son compagnon :

— Je vais vous effrayer en vous annonçant qu'il est trois heures; encore quatre heures, et nous voilà retombés dans les ténèbres de la nuit et les gueules de tigres !

Gabriel croisa les bras et secoua la tête mélancoliquement, les yeux fixés sur le soleil, qui descendait du zénith avec une rapidité désespérante.

— Ah ! dit Gabriel, je me la rappellerai, cette chasse aux tigres !

— Parbleu ! mon cher ami, je voudrais bien être dans le cas de me la rappeler ! Mais il faut commencer par arriver à quelque gîte où il nous soit permis de nous rappeler quelque chose. Quant à moi, je suis au bout de ma science topographique, et je n'ai plus le courage de faire un pas. Voyons, il faut prendre un parti. Nous sommes brisés, nous nageons dans nos sueurs, nos vestes blanches et nos pantalons éclatent en lambeaux, nous en avons laissé des échantillons à tous les buissons de l'Asie ; nous ressemblons à des parias, et nous risquons d'être traités comme tels par le premier Indien de bonne maison qui nous rencontrera. Ce serait une insigne folie de continuer notre route dans un pays où il n'y a pas de route. Arrêtons-nous ici, passons à l'état de naufragés, bâtissons une cabane, fondons une colonie; le pays est beau et fertile, nous avons des armes et des munitions : voilà un délicieux verger de cocotiers et d'arbres à pain, voilà de l'eau claire comme le cristal; Romulus n'en avait pas autant, et il a réussi, c'est incontestable. Il n'y a pas au monde une plus belle végétation, un plus beau soleil. Ici on rit de pitié quand on songe que quatre pieds carrés dans le *West-Kent* se vendent cent livres. Dieu nous vend l'Asie pour rien. Quelle admirable spéculation de terrain! Je l'achète à ce prix, et je partage avec vous.

— Sir Edward, parlez-vous sérieusement ?

— Oh! très-sérieusement ; d'autant plus que je crois que, cette nuit, à notre départ du théâtre des tigres, nous avons tourné le dos à la véritable route de Tinnevely, et que nous nous écartons ainsi depuis vingt heures du point où nous voulons nous rendre.

— Serait-ce possible, Klerbbs?

— Je suis sûr de mon fait maintenant : nous sommes à trente lieues au moins du lac de Tinnevely ; ainsi, il n'y a plus à balancer : bâtissons sur ce terrain deux tentes, une pour vous, une pour moi, et commençons à dormir. Je suis accablé de sommeil ; c'est le cas, cette nuit, de mettre en action le *midsummer-night's dream* de Shakspeare ; nous ne manquerons pas de personnages pour le rôle du lion.

— Hélas! mon ami Klerbbs, il faut donc renoncer à voir cette étoile de Tinnevely, cette reine des roses du Bengale, cette divine Héva !...

— Mon ami Gabriel, quand nous serons un peuple puissant, nous enlèverons les Sabines ; pour le moment, songeons à nous établir en garçons.

Et Klerbbs, sans perdre de temps, coupa de longues branches d'érable, les dépouilla de leurs feuilles, en fit des pieux solides et les enfonça dans la terre, selon le procédé de Robinson.

Gabriel, voyant que son compagnon prenait son projet au sérieux, vint à son aide et posa des pieux.

— Très-bien, très-bien, Gabriel ! avant le coucher du soleil nous aurons une maison..... Vous soupirez, Gabriel ; voyons, quelle noire idée vous traverse l'esprit ?

— Ah ! mon ami ! je soupire en songeant qu'en ce moment il y a d'heureux mortels qui passent sur les trottoirs du boulevard Italien, à Paris, qui prennent des sorbets chez Tortoni, qui lisent les affiches au coin des rues, qui dînent au Rocher-de-Cancale !... et nous ! nous !...

— Nous, nous, Gabriel ? Oh ! je ne prendrais pas leur place pour leur céder la mienne ! Les villes m'ennuient à la mort... et puis il est si doux de fonder une ville !

Gabriel poussa un éclat de rire qui, pour la première fois depuis Adam, fit rire les échos de l'Asie-Majeure. Les deux voyageurs laissèrent tomber les pieux de leurs mains et rirent avec les échos. Cet accès de gaîté folle se fût prolongé indéfiniment entre les hommes et la nature, si les oreilles des deux amis n'eussent été frappées au même instant par les sons clairs et distincts d'un instrument qui ressemblait à une mandoline.

Klerbbs et Gabriel saisirent leurs carabines et gardèrent une immobilité de statues. Les sons se rapprochaient, et ils paraissaient se mêler à un chant mélancolique et nazillard. Bientôt, à quelques pas, se montrèrent deux Indiens vêtus d'une longue tunique blanche et portant devant eux en sautoir une espèce de mandoline au manche démesuré. C'étaient deux chanteurs ambulants, appelés dans l'Inde *Sarada-Caren*.

Les chanteurs ne firent paraître aucune émotion en apercevant les jeunes gens ; ils s'avancèrent et leur tendirent la main comme pour leur demander une aumône.

— Pour le coup, nous sommes sauvés ! s'écria Gabriel rayonnant de joie ; ces gens-là connaissent le pays.

Et il leur donna une piastre.

Les chanteurs, pour reconnaître une si noble largesse, commencèrent une complainte sur la bataille de Rama et de Ravana. Au second couplet, Klerbbs les arrêta par un geste brusque de la main et leur dit en anglais de lui montrer la route jusqu'à la plus prochaine habitation. Les Indiens ne comprirent pas.

— Savez-vous un peu d'indoustani ? dit Klerbbs à Gabriel.

— J'ai remporté trois prix d'indoustani au Collége de France, j'ai traduit l'*Adavapyrâm*, mais dans l'Inde on ne me comprend pas.

— Et moi, s'écria Klerbbs en se frottant le front, j'ai traduit à Cambridge le grand poète Azz-Eddin-el-Mocadessi, et si un Indien ne me parle pas anglais, je ne le comprends pas. Si jamais je rentre à Cambridge, je destitue mon professeur. Heureusement, je parle la langue universelle ; ils me comprendront, ceux-là.

Klerbbs plaça les deux chanteurs côte à côte, prit le bras de Gabriel, et se plaçant derrière les Indiens, il leur fit signe de marcher vite en leur montrant le soleil à l'horizon du couchant et contrefaisant le cri du lion.

Les Indiens sourirent et se mirent en marche. Klerbbs et Gabriel allongèrent joyeusement le pas, et l'Anglais, se retournant vers ses pieux délaissés, les salua de la main en disant :

— Il est bien pénible d'abandonner ainsi une ville au berceau !

Les deux *Sarada-Caren* marchaient sans hésitation, et de ce pas résolu qui annonce la connaissance exacte du terrain. Parfois ils se retournaient pour donner un sourire de consolation aux voyageurs qu'ils remorquaient à travers plaines et collines. Klerbbs répétait à chaque instant sous diverses formes un anathème contre le professeur d'indoustani de l'université de Cambridge. Gabriel était absorbé dans une seule pensée, et il disait par intervalles ce monologue :

— Je parierais volontiers que nous sommes à quarante lieues de la maison d'Héva.

Le soleil avait disparu derrière une longue crête de montagnes, que les voyageurs côtoyaient dans le vallon et qui leur dérobait totalement la campagne et l'horizon du midi. Quelques signes de culture commençaient à se révéler çà et là, et l'on voyait même de légères aigrettes de fumée se détacher de la cime lointaine des arbres. Bientôt, Klerbbs et Gabriel virent avec joie un sentier tracé par des pieds humains, et des laboureurs, nommés dans l'Inde *Tottakarers*, descendirent d'une côte sur ce sentier, portant leurs instruments de travail sur leurs épaules. Gabriel n'aurait pas été plus transporté de bonheur, s'il eût vu la divine Héva passer avec sa grâce de créole, et son châle de crêpe chinois.

— Je conçois, disait Klerbbs, qu'il y a des moments où je pourrais embrasser un laboureur indien.

Enfin le bras d'un *Sarada-Caren* s'allongea vers un massif d'arbres, et nos voyageurs saluèrent une maison de brahmane, peinte en rouge par lignes verticales. La nuit tombait.

Aux dernières lueurs du crépuscule, ils reconnurent que cette maison devait être habitée par un brahmane des premières castes. Elle n'avait point de fenêtre : une toiture de joncs et de feuilles sèches de palmiers la défendait contre la pluie et le beau temps, et un enclos de maçonnerie contre les bêtes fauves. Devant la porte s'élevait une sorte de treille, nommée *Pandel*, couverte de paille et de branches vertes; un peu plus loin dormait un petit étang destiné aux ablutions de famille. A l'angle méridional de la maison, un grossier piédestal supportait la statue informe de *Ganesha*, dieu pénate du foyer domestique indien.

Le brahmane Syaly habitait cette maison ; il reçut avec une affabilité grave nos deux jeunes voyageurs, et les conduisit d'abord devant l'image de *Ganesha*, qui fut honorée des profondes révérences de Klerbbs. Gabriel ne se prosterna pas.

Syaly les introduisit ensuite dans la salle de réception, et leur offrit du lait caillé nommé *dhuy*, deux flacons de jus de palmier, et de la liqueur fermentée nommé *sourd*. Klerbbs et Gabriel s'assirent à l'indienne sur la natte fraîche, et ils prirent leur repas frugal. Le brahmane parlait assez bien le français et l'anglais ; mais il eut la politesse de n'adresser aucune question aux deux étrangers : il se contenta d'échanger avec eux quelques paroles sur des sujets indifférents. De leur côté, Klerbbs et Gabriel n'osèrent faire aucune interrogation.

Après souper, la conversation prit une tournure intéressante. La brahmane Syaly était fort instruit, et surtout il était doué d'un orgueil national digne d'un Anglais. Il ne laissa pas échapper l'occasion de placer l'Inde au-dessus de tous les pays du globe. Il se moqua d'Homère qui avait inventé une mythologie dépourvue d'imagination, et touchant par tous ses points à la réalité. Il attaqua l'architecture religieuse grecque, qui rasait la terre avec le chapiteau de ses colonnes, et s'était copiée elle-même à l'infini. Alors il cita les mille poèmes de la mythologie de l'Indoustan, dont les titres seuls sont plus longs que les œuvres d'Homère ; puis il déroula l'éternel chapitre des métamorphoses de Brahma, et il s'apprêtait à décrire l'architecture idéale et merveilleuse des temples souterrains d'Éléphanta et d'Élora, cette architecture de rêves et de visions sublimes, lorsqu'il s'aperçut que ses deux auditeurs, vaincus par le sommeil, dormaient profondément.

Le brahmane n'avait pas souvent l'occasion, dans sa solitude, d'exercer son érudition religieuse, et il s'était jeté avidement sur ces deux voyageurs comme sur une proie de controverse que la Providence lui envoyait. Le devoir de l'hospitalité lui prescrivit pourtant de respecter leur repos ; mais il n'en fut pas moins piqué de deux choses, du sacrilége commis par Gabriel, qui ne s'était pas incliné devant sa statue domestique, et de l'irrévérence avec laquelle les voyageurs avaient accueilli son discours sur les incarnations.

Le soleil était levé depuis assez longtemps, lorsque Gabriel et Klerbbs se réveillèrent après un sommeil réparateur. Comme ils rajustaient les délabrements de leur toilette, ils entendirent des voix qui chuchotaient au dehors, mêlées à des piétinements de chevaux. Ils se rapprochèrent de la persienne qui voilait la porte, et furent saisis d'un étrange étonnement lorsque la conversation suivante arriva à leurs oreilles.

Une voix forte disait en anglais :

— Ce sont deux chanteurs ambulants que nous avons interrogés ce matin à l'habitation de Mounoussamy, et qui nous l'ont dit.

— Ils ne vous ont pas trompés, répondait le brahmane, je leur ai donné l'hospitalité hier soir.

— Je vous ordonne donc de les livrer, au nom du *King's Proctor* de Madras, disait l'autre voix.

— Je ne refuse pas de vous les livrer, disait le brahmane; mais ils dorment encore, et la loi de l'hospitalité me défend de troubler leur sommeil. Ces deux jeunes gens ne m'inspirent aucun intérêt : ils sont couverts de haillons comme des ravageurs de jardins ; ils ont leurs chaussures en lambeaux, et tout en eux annonce qu'ils ont fait un mauvais coup. De plus, je suis convaincu qu'ils n'ont aucune religion.

— Oh ! pour le coup, ceci est trop fort ! s'écria Gabriel dans la maison ; et, soulevant la persienne, il s'élança sous le *Pandel*, suivi de Klerbbs.

Les deux amis trouvèrent là six cavaliers cipayes et un officier anglais.

— Je vous arrête au nom de la loi ! dit l'officier.

— Nous ? s'écrièrent à la fois Klerbbs et Gabriel.

— Et qui donc ? dit l'officier : n'êtes-vous pas les nommés Klerbbs et Gabriel de Nancy, sans profession ?

— Oui... Mais pourquoi nous arrêtez-vous ?

— Voici l'ordre d'arrêt du *King's Proctor*.

— Mais de quoi sommes-nous accusés ? dit Gabriel.

— Vous le saurez à Madras.

— Voilà qui est singulier ! dit Klerbbs. Eh bien ! nous vous suivons, capitaine ; allons à Madras.

L'officier fit un signe : on amena deux vieux chevaux pour Klerbbs et Gabriel; les prisonnniers furent placés au centre de l'escouade, et l'on partit.

Tout ce monde suivit un sentier escarpé qui coupait la crête de la montagne auprès de laquelle était située la maison du brahmane; et lorsqu'on fut parvenu au sommet, Klerbbs et Gabriel découvrirent à gauche dans la plaine le lac du Tinnevely.

Une exclamation de surprise échappa simultanément aux deux prisonniers.

— Un seul mot, capitaine, dit Klerbbs; est-ce que nous ne nous arrêterons pas à cette habitation là-bas?

— Vous vous arrêterez à Madras, dit l'officier, et pour longtemps.

— Ceci est plus fabuleux que les dix incarnations de Brahma! dit Gabriel.

## IV

## A Madras.

Après une longue route dans la campagne, Klerbbs et Gabriel arrivèrent à Madras, et furent enfermés dans la prison du fort Saint-Georges.

La justice est toujours plus expéditive dans les colonies que dans les métropoles. Les deux prisonniers ne tardèrent pas à paraître devant leurs juges ; ils s'étaient épuisés en conjectures sur la cause de leur arrestation. Klerbbs répétait toujours qu'on les accusait sans doute d'avoir essayé de fonder une ville au désert, crime prévu peut-être dans un code indien à eux inconnu :

— Ce sont les deux chanteurs qui nous ont dénoncés! disait Gabriel.

— Je comprendrais parfaitement cette accusation, disait Klerbbs, si Madras était encore administré par le code indou, comme la vieille *Tchina-Patnam* ; mais depuis l'avénement de lord Cornwallis à l'administration suprême du pays, nous n'avons à rendre compte de nos actions qu'à des juges anglais...

— Et des juges anglais, ajouta Gabriel, ont trop de bon sens pour nous condamner parce que nous avons coupé, dans l'*East-India*, quatre pieux d'érable pour passer la nuit !

— Ce serait probablement un exemple qu'ils voudraient donner aux naturels du pays, remarquait Klerbbs avec beaucoup de sagacité.

— Préparons notre plaidoyer en conséquence, disait Gabriel.

Comme ils s'entretenaient ainsi, l'*attorney-general* entra dans leur cachot, suivi d'un secrétaire.

Le magistrat s'assit, et, s'adressant au deux prisonniers, il leur dit :

— Klerbbs et Gabriel de Nancy, vous êtes accusés d'assassinat sur la personne de l'Indien Mounoussamy, sujet de la Grande-Bretagne ; avez-vous quelque chose à répondre à cela ?

Les deux amis poussèrent un cri, en élevant leurs mains au-dessus de leur tête.

— Qu'avez-vous à répondre à cela ? répéta l'*attorney-general*.

— Tout et rien ! dit Klerbbs, à notre choix !

— Il y a contre vous des témoignages accablants, dit le magistrat.

— Oh ! c'est une horrible dérision ! s'écria Gabriel.

— Prenez garde ! jeune homme ! dit l'homme de loi, vous prenez de l'irritation ! vous vous emportez !... donc...

— Oui, interrompit vivement Gabriel, les innocents qu'on accuse sont toujours dans une position étrange ; prennent-ils la chose froidement comme Klerbbs, on dit : — Oh ! s'ils étaient vraiment innocents quel cri de vérité sortirait de leur poitrine ! Se livrent-ils à un juste mouvement d'indignation et de colère, comme moi, on dit : — Oh ! l'innocence est calme et sa parole tranquille, car elle n'a rien à redouter ! Si je suis coupable parce que je m'indigne, Klerbbs est innocent parce qu'il ne s'indigne pas.

— Vous vous êtes distribué vos rôles, dit le magistrat ; mais l'œil exercé de la justice ne s'y méprendra pas. Faites des aveux, et peut-être la clémence...

— Nous ne voulons point de clémence, nous voulons la justice, dit Gabriel, s'il y en a à Madras.

— La justice, dit le magistrat, est sur tous les points du globe où flotte cette devise : *Dieu et mon droit*.

Et il se leva en lançant un regard sévère sur les deux prisonniers.

Dès ce moment Klerbbs et Gabriel furent séparés : toute communication entre eux fut interdite jusqu'au jour des débats.

La vieille ville, la ville noire, la ville européenne, la ville chinoise, toutes ces villes qui forment Madras s'étaient beaucoup émues à l'annonce de ce procès ; les Indiens riches et les pauvres attendaient avec anxiété son issue, pour juger la justice des Anglais, leurs maîtres, et pour savoir s'ils avaient la sage impartialité de sacrifier un homme de leur nation, un homme souillé du sang d'un Indien. A l'aurore du jour des débats, toutes les avenues du palais où s'installa le tribunal étaient inondées d'un peuple de toutes couleurs, mosaïque humaine qui ne pave que les rues de Madras.

Les juges étaient au nombre de cinq, présidés par le *criminal-juge*; l'*attorney-general* était à son banc.

On amena les prisonniers. Ils portaient le costume dévasté de leur malheureuse chasse; cependant les dames de la haute société blanche et cuivrée de Madras trouvèrent que ces jeunes gens étaient fort bien, et qu'ils ne ressemblaient nullement à des assassins.

Après avoir interrogé les prévenus sur leur âge, leur profession, leur pays, leur domicile, le juge criminel fit appeler les témoins.

Quatorze témoins déposèrent comme un seul; Mirpour et Goulab, les douze Péons de Mounousssamy. Ils affirmèrent tous que Gabriel et Klerbbs avaient assassiné leur maître et leur ami, entre les rives de Lutchmi et les gorges de Ravana, et que, pour se dérober à leur poursuite, ils s'étaient jetés à la nage et perdus dans la vallée de Lutchmi, où les arbres sont aussi touffus et serrés que des épis dans les rizières.

Après eux, vint déposer le brahmame Syaly; il dit que Gabriel et Klerbbs étaient arrivés dans sa maison le soir du lendemain de l'assassinat; que leurs physionomies étaient sinistres, leurs mains ensanglantées, leurs habits en lambeaux, comme ceux d'assassins qui auraient lutté longtemps avec leur victime ; et il versa des larmes sur la mort de Mounoussamy, qui était, disait-il, son ami et son voisin derrière la montagne.

Enfin, les deux *Sarada-Caren* déposèrent aussi. Ils dirent qu'ils avaient vu les deux prévenus occupés à tailler des pieux dans le désert pour construire une cabane, et que l'un d'eux leur avait donné une piastre pour acheter leur discrétion.

Alors l'*attorney-general* se leva et parla ainsi :

« — S'il est un crime évident, palpable, clair comme le soleil qui nous éclaire, c'est celui qui est soumis à ce tribunal. Vous avez entendu les foudroyantes dépositions des témoins, qui sont tous dignes de foi, plutôt à cause de leur caractère plein de candeur et d'ingénuité qu'à cause de leur position sociale ; mais, comme dit Blakstone, *regardez le visage du témoin, et non son habit*. Je vois d'un côté douze Péons, honnêtes et laborieux serviteurs, qui certes ne se sont pas accordés pour déposer unanimement contre les prévenus, et qui, tout en pleurant la mort de leur maître, ne voudraient pas la venger par la mort de deux innocents à eux inconnus. Je vois ensuite deux riches négociants, fils de ces heureux climats, deux Indiens qui se sont retirés des affaires commerciales pour prendre un peu de ces doux loisirs que le poëte de Mantoue a célébrés dans ses vers harmonieux. Goulab et Mirpour ont perdu un ami, un véritable ami, et la perte d'un ami est irréparable : c'est un trésor qu'on ne trouve qu'une fois.

» Parlerai-je des deux chanteurs ambulants, dont la déposition, insignifiante au premier abord, n'en est pas moins accablante lorsqu'on l'examine de près ? Que vous ont dit ces naïfs enfants de la nature ? Ils ont vu Klerbbs et Gabriel perdus dans les solitudes, où le remords et la crainte du châtiment les retenaient, se construisant à la hâte une informe cabane, pour y ensevelir désormais une vie qui n'appartenait plus qu'à la main de l'exécuteur. Ces deux hommes, élevés dans la mollesse et les plaisirs, séparés violemment de la société par la barrière du crime, s'étaient déjà condamnés eux-mêmes à subir un exil perpétuel au milieu des bêtes fauves, dignes émules de leurs forfaits !

» Et maintenant me sera-t-il permis de dire toute ma pensée ? Oui, et aucune considération humaine ne saura m'écarter de la ligne de mon devoir. Je dirai tout, je ne cacherai rien.

» Une chose sans doute vous a frappés, honorables juges : vous vous êtes demandé quel intérêt si grand a pu porter ces deux prévenus à commettre un crime atroce ? Car, selon la morale du savant légiste Makerson, *tout crime suppose un intérêt ;* axiome qui n'est que le corollaire d'un autre plus connu : *Is fecit cui prodest.* Ici, l'intérêt qui a porté deux hommes au crime, ce n'est ni la vengeance, ni la soif d'un vil métal ; c'est une passion adultère, ou, pour mieux dire, c'est l'association de deux infâmes amours ! On a tué le mari pour... je m'arrête, honorables juges ; je craindrais moi-même de

souiller l'air pur de cette enceinte si j'achevais une parole que mon silence exprime bien mieux. C'est pour arriver à ce but odieux que Gabriel et Klerbbs se construisaient un repaire dans les bois, à dix milles du lac de Tinnevely, afin d'y cacher l'innocente victime de leur infernale passion. Insensés ! vous espériez donc que rien dans cet asile solitaire ne troublerait vos nuits et vos jours ? Ah ! tous les torrents qui viennent de la montagne Bleue ne peuvent laver une goutte de sang ! toutes les fleurs de ces sauvages jardins de l'Inde n'auraient pu donner un adoucissement à vos remords ! Vous vous seriez écriés sans cesse, comme lady Macbeth : « — Il y
» toujours là une odeur de sang ! tous les parfums de
» l'Arabie n'embaumeront jamais cette petite main !
» (*Here's the smell of the blood still; all the parfumes of*
» *Arabia will not sweeten this little hand !*) »

» D'autres témoins, appartenant à diverses nations européennes, n'ont assisté que de loin à l'asssassinat du malheureux nabab. Nous ne les avons pas appelés dans cette enceinte. Ils disent qu'ils n'ont rien vu, et qu'ils ne peuvent rien affirmer ni en faveur ni contre les prévenus. Eh bien ! j'affirme, moi, que le silence de ces Européens, unis par de longues relations avec les prévenus, est plus accablant que le témoignage de quinze Indiens. *Silent ! clamant !* *ils se taisent, ils crient,* comme dit Cicéron dans sa première Catilinaire. *Silent ! clamant !*

» Je ne puis passer sous silence une autre déposition

terrible, quoiqu'elle soit exprimée dans un langage concis, aimé des lettrés de l'Indoustan. Le savant et sage brahmane Syaly vous a dépeint en termes frappants la dégradation physique et morale dans laquelle étaient tombés les prévenus, lorsqu'ils vinrent dans les ténèbres lui demander l'hospitalité ! Quoi ! ces hommes qui connaissaient parfaitement les lieux ont évité l'habitation du Lac ! Quoi ! ils ont mis une haute montagne entre la maison de Mounoussamy et la maison du brahmane ! Et s'ils étaient innocents, pourquoi ne se sont-ils pas présentés la veille, comme les autres, chez la veuve de l'Indien ?... Mais ils ont erré à travers les plaines pour éviter des visages accusateurs ; et, si la justice n'était pas tombée à l'improviste sur les coupables, ils auraient gagné Pondichéry, ils auraient traversé les mers pour ensevelir leur forfait et leurs noms dans quelque asile lointain, où le glaive de notre loi n'a pas d'action sur les criminels !

» Le crime est donc prouvé jusqu'à l'évidence. Il faut montrer à nos compatriotes les Indiens que la justice est égale pour tous. Nous sommes heureux de reconnaître qu'en cette occasion la justice est d'accord avec une sage politique. Je vous livre donc sans crainte, honorables juges, ces deux hommes ; votre sentence ne peut être douteuse. Et toi, infortuné Indien, toi qui as trouvé dans les déserts des chrétiens plus féroces que les monstres de l'Asie, que tes mânes s'apaisent ! ton sang répandu sera vengé ! »

— 111 —

Ce plaidoyer était un mélange de mauvais goût, d'emphase, de rhétorique banale et de traits heureux; mais il produisit une vive impression sur le tribunal et sur l'auditoire. Les deux prévenus gardèrent une attitude de dignité, qui fut généralement regardée comme l'expression de l'impudence et de l'endurcissement du cœur. Le juge criminel, dont la conviction était déjà faite, prit un visage bénin et dit aux prévenus :

— Avant d'accorder la parole à votre défenseur, je veux vous demander si vous n'avez rien à dire dans l'intérêt de la cause.

— Rien, murmura Gabriel.

Klerbbs croisa les bras, rejeta nonchalamment sa tête en arrière et dit :

— Pour la rareté du fait, je voudrais me voir pendre demain matin.

Et le jeune Anglais fit un de ces sourires auxquels les yeux ne donnent pas un rayon, un sourire de fou.

Le président, après une légère pause reprit :

— La parole est au défenseur des accusés.

L'avocat se leva, en secouant les immenses flocons de sa perruque d'emprunt, étendit verticalement son bras vers le plafond pour ramener au coude les plis de la manche de sa robe, et dit :

« — Honorables juges de la cour criminelle, la cause...

Gabriel se leva vivement sur son banc et imposa silence à l'avocat, il s'écria :

— Nous ne voulons pas être défendus. Une défense est une insulte pour nous ! Assez, monsieur !

Klerbbs approuva tranquillement par un signe de tête ces paroles de son ami.

Le juge criminel prit un ton solennel, et s'adressant à l'avocat, qui déjà s'asseyait, il dit :

— Obéissez au tribunal ; défendez les accusés, monsieur.

L'avocat se leva de nouveau et commença ainsi :

« — Messieurs, je ne me dissimule pas la pénible tâche que la cour m'a confiée. Je prends la parole après un magistrat dont la voix éloquente a ému nos âmes, mais je puiserai dans mon cœur la force nécessaire pour remplir dignement mon devoir d'humanité.

» Vous voyez devant vous, honorables juges, deux jeunes gens qui appartiennent aux classes élevées de la société, deux voyageurs avides de science, et qui viennent chercher, à la sueur de leur front et au péril de leur vie, un peu de cette gloire que recueillaient les Colomb et les Vasco di Gama : l'étude est leur seule passion, la gloire leur seule récompense. L'un est envoyé par la Société royale de Londres pour découvrir l'Histoire des Malabars, écrite avant Aureng-Zeb, ce tyran qui fit décapiter son frère ; l'autre remplit une mission non moins importante : il voyage dans l'Inde pour compléter la collection ornithologique du Musée de Paris, ce *Pandæmonium* de tous les êtres de la création.

» Je demande à la cour qu'il me soit permis de lire la moitié d'une lettre que M. de Lacépède...

— Avocat, les lettres de M. Lacépède ne sont pas en cause. Venez au fait.

» — Honorables juges, poursuivit l'avocat, le respectable attorney-general est tombé dans une grave contradiction. Il a dit, dans un passage de son éloquent discours, que les deux prévenus avaient voulu construire une cabane dans le désert avec une intention criminelle, et il établit sur cette conjecture la base fondamentale de l'accusation. Eh bien ! honorables juges, le respectable attorney a dit, en finissant, que l'intention de Klerbbs et de Gabriel était de fuir le désert pour s'embarquer à Pondichéry. Je vous le demande, honorables juges, comment concilier ces deux choses ? Quoi ! Gabriel et Klerbbs veulent fonder un établissement dans le Tinnevely, et ils courent chercher un vaisseau sur la côte de Coromandel ! Au nom de Dieu ! que l'accusation soit plausible ! L'affaire est grave, très-grave ; il s'agit de la vie de deux innocens. » (Murmures dans l'auditoire.)

Le président, d'une voix perçante :

— Au moindre signe d'approbation ou d'improbation, je fais évacuer la salle.

L'avocat, élevant la voix au diapason de la menace du président :

« — Oh ! non, vous ne les condamnerez pas, parce

la science réclame leurs services, et que l'Europe a les yeux sur eux! Vous ne les condamnerez pas, parce que les témoignages qui se sont élevés contre mes clients sont vagues et semblent tous dictés comme une leçon d'écolier à des... »

L'attorney se leva furieux et s'écria :

— Les témoins sont placés sous ma protection ; ils ont parlé selon leur conscience, et je ne souffrirai pas qu'il soit porté atteinte à leur honneur.

L'avocat :

— Vous ne les condamnerez pas, parce que vous n'avez entendu aucun témoignage à décharge !

— Produisez-en ! produisez-en ! reprit l'attorney.

— Que j'en produise ! Eh ! mon Dieu ! envoyez une assignation aux tigres des gorges de Ravana !

— Bravo ! s'écria Gabriel.

— Il a fini par trouver cela, dit Klerbbs ; c'est très beau !

Le président frappa sur la table et dit :

— La cause est suffisamment instruite. Les prévenus ont-ils quelque chose à ajouter à la défense de leur avocat ?

— Oui, dit Klerbbs, une chose bien simple, une seule : nous sommes innocents.

— Voilà tout ? demanda le juge.

— Oui. Il nous semble que c'est suffisant.

— La séance est suspendue, dit le juge.

Klerbbs se pencha à l'oreille de Gabriel et lui dit :

— Oh ! je suis bien tranquille. Je connais les juges anglais des colonies ; ils jouent très-bien leur jeu. Ce procès qu'il nous font est une concession aux naturels du pays. Voilà leur politique. Nous sommes absous.

La législation criminelle qui régit la métropole ne s'introduisit que fort tard dans les colonies. A cette époque, Madras ne connaissait pas le jury. Des magistrats spéciaux jugeaient les crimes, et d'une façon fort expéditive toujours.

La délibération ne dura pas un quart d'heure. Le président débita un long préambule, qui n'était que la répétition du discours de l'attorney, et à la fin il prononça une sentence de mort.

Klerbbs et Gabriel s'inclinèrent comme pour remercier.

Le président se leva et dit :

— Klerbbs et Gabriel, la loi vous donne vingt-quatre heures pour vous préparer à la mort... Qu'on emmène les condamnés !

Quatre soldats cipayes escortèrent Klerbbs et Gabriel à la prison voisine. Un pasteur de la communion d'Augsbourg et un missionnaire de la Propagande attendaient les deux condamnés sur le seuil de leurs cachots, et ils y entrèrent avec eux.

La ville indienne célébrait dans ce jour le *Raous-Jatreh*, la fête des amours de Kistna, bacchanales du Coromandel. Un heureux hasard faisait concourir la mort de deux chrétiens avec les réjouissances publiques ;

aussi la foule épuisait ses démonstrations d'allégresse et dansait au son du *bin* et du *sitar* sur la place du Gouvernement, où les potences et le bourreau étaient attendus.

## V

### La Justice humaine.

La nuit qui suivit le jugement rendu contre Klerbbs et Gabriel ne vit pas un seul homme endormi dans Madras, depuis le pont des Arméniens jusqu'à l'édifice neuf, nommé le Panthéon. Il y a aussi un Panthéon à Madras. Depuis que les hommes s'efforcent de supprimer Dieu, ils bâtissent des Panthéons partout.

L'exécution devait avoir lieu le lendemain, à l'heure où le *Béraidje* attelle les bœufs au *andigel* de voyage, où le batteur de riz descend à la plaine de Tchoultry pour gagner le pain de son jour.

Dans ce torrent animé de visages de démons qui se ruaient vers la place des potences, on n'apercevait aucune trace de lassitude, quoique les orgies infernales de la nuit dernière eussent été dignes du dieu Kistna : chez nous, peuples à face blême, la chair souffrante révèle à l'extérieur l'épuisement des forces ; mais ces carnations de bronze que boucane le soleil indien ne trahissent aucun secret : on croirait voir des liasses de damnés, dont les corps se sont colorés aux flammes de l'enfer, et qui, revenus sur la terre, n'ont repris à l'homme que ses passions, en lui laissant sa faiblesse. A chaque centre de ces tourbillons d'êtres surnaturels, qui s'élançaient à la cime de leurs bambous et pirouettaient avec eux en sifflant comme des boas, on aurait pu voir, se multipliant partout, deux Indiens gigantesques, dont les yeux semblaient lancer des gerbes de feux du Bengale, et dont la voix tartaréenne excitait ce monde en délire, ivre du feu de la débauche et des liqueurs. Ces deux êtres surhumains savaient les paroles qui crispent les pieds de de l'Indien et le font bondir comme un tigre de la tanière au vallon. L'un était ce Goulab, qu'on aurait pris pour Wichnou incarné, une onzième fois, en éléphant ; l'autre, ce Mirpour, qui avait sur son corps la souple ondulation de la panthère, et sur sa face les contractions rudes et nerveuses du lion. Un intérêt mystérieux avait mêlé ces deux monstres humains aux saturnales de cette nuit ; ils étaient sortis dans un costume indigent de leur superbe habitation de la rivière Triplicam, sur la route d'Élora, et ils avaient entraîné tout le peuple de la ville noire à travers les rues et les places de Madras, poussant avec lui de formidables cris de réjouissance en l'honneur des juges qui vengeaient sur deux Européens la mort du nabab de Tinnevely.

Le soleil vint éclairer la fête de ces démons qui remplissaient, comme les flots orageux d'un lac de bronze en fusion, la vaste place où le bourreau attendait les condamnés. A quelques pas des potences, Goulab et Mirpour dominaient les têtes indiennes, et attachaient les yeux sur le carrefour lointain, où le funèbre cortége sorti de la prison, devait se montrer à chaque instant. Les heures pourtant s'écoulaient, et les criminels ne paraissaient pas. Le bourreau, debout sur une haute estrade, donnait des signes d'impatience, et promenait ses regards de l'horloge publique au soleil. Parfois apparaissaient deux cavaliers de la milice à l'extrémité de la place, et les Indiens trompés saluaient cette avant-garde par une explosion déchirante de râles aigus, semblables à une symphonie de tigres. Puis le silence retombait sur cette multitude, et la soif du sang qui la dévorait ne se manifestait plus que par des ondulations de têtes d'airain qui semblaient excitées par le vent du golfe de Coromandel.

Enfin, un roulement de tambours annonça l'arrivée de la milice, et les canons de la batterie du fort s'allongèrent sur les créneaux.

Un cavalier, lancé au galop, passa entre les deux haies des miliciens indous et remit un pli au bourreau de Madras.

Celui-ci lut avec lenteur l'ordre qui lui était envoyé et fit un sourire stupide et féroce, un sourire qui ne se forme que sur des lèvres de bourreau.

Puis il souleva une liasse de cordes, la posa nonchalamment sur les épaules d'un de ses valets, et descendit de son estrade. Il donna un regard mélancolique d'adieu à ses potences, comme s'il eût été désespéré de voir que de si beaux instruments, si fièrement posés par sa main, allaient rentrer sous le hangar sans avoir fonctionné, comme deux indolents laboureurs qui s'en reviendraient du sillon, en laissant les épis debout.

Goulab fit un bond de sa place au pied des potences et interrogea le bourreau ; celui-ci ne répondit qu'en montrant la lettre et haussant les épaules, de l'air d'un homme qui accusait d'injustice les dispensateurs du pardon.

Des murmures stridents s'élevèrent aussitôt dans la populace. On enlevait une proie à cette armée de tigres! Cette injustice, exercée effrontément contre un pauvre peuple affamé de chair humaine et chassé de la table du festin, allait amener une insurrection ; mais il ne fallut qu'un mouvement de soldats et une lueur de mèche dans la batterie du fort pour mettre en déroute ces hideux convives avant le premier cri de révolte.

Goulab et Mirpour se perdirent dans les tourbillons de la foule ; une terreur de mort les glaça tous deux ; des pressentiments sinistres les éclairèrent confusément sur la scène mystérieuse dont ils venaient d'être témoins. Ces deux hommes fauves, que la fortune avait élevés de la tanière au palais, et de la nudité sauvage au luxe du nabab, s'estimèrent heureux de se retrouver dans leur costume primitif, avec cette différence pourtant que leurs larges ceintures recélaient une somme énorme en quadruples espagnols : n'osant plus rentrer à leur habitation de peur d'y rencontrer quelque révélation accablante, ils s'enfoncèrent dans le désert qui mène aux solitudes sacrées des temples d'Élora, résolus d'y attendre les événements à la faveur d'un espionnage qu'il leur serait aisé d'établir et de trouver parmi leurs frères indiens, fanatiques sectateurs de Siva.

A l'aube de ce jour, un riche Indien, surnommé Talaïperi ou *Grand-Prévôt,* et frère de Mounoussamy, s'était présenté chez l'*attorney-general* pour une communication qui ne souffrait aucun retard. Le magistrat fut réveillé en sursaut par les cris de désespoir que poussa l'Indien, lorsque les domestiques refusèrent de l'introduire sous prétexte que l'audience ne commençait qu'à midi. L'attorney sonna, et apprenant que le solliciteur était son prédécesseur avant la colonisation anglaise, il lui fit ouvrir sa porte, et dans le plus simple des négligés, il voulut bien lui accorder, *hors l'heure*, une audience extraordinaire.

Talaïperi, revêtu d'un costume européen des plus élégants, se précipita dans la chambre de l'attorney avec un visage dont la pâleur semblait percer sous sa couche de bronze.

— Justice ! justice ! s'écria l'Indien ; honorable attorney, justice !

— Vous la trouverez toujours ici, dit le magistrat.

— On va exécuter Klerbbs et Gabriel ?... demanda Talaïperi avec une inquiétude fiévreuse.

— Dans quelques heures.

— Ils sont innocents ! innocents !

— Ils sont condamnés !

— Mais ils ne sont pas morts, honorable attorney; ils ne sont pas morts ?

— Ils sont morts aux yeux de la justice...

— Alors ils vivront, s'écria l'Indien... J'ai exercé quinze ans, dans la ville noire, les fonctions de grand-prévôt, et mon nom a toujours été salué comme juste. Je suis le frère de Mounoussamy, et lorsque je viens vous arracher deux têtes innocentes, deux jeunes gens accusés du meurtre de mon frère, je mérite d'être écouté.

— Monsieur, dit l'attorney, vous perdez votre temps, Klerbbs et Gabriel sont innocents, dites-vous ?.. Avez-vous entendu mon plaidoyer d'hier ?

— Non, *your worship*.

— Ah ! si vous l'aviez entendu, vous ne viendriez pas me faire un drame à la pointe du jour... Tenez, je vous prie de jeter un coup d'œil sur ce journal, c'est l'*Evening-Chronicle* de Madras ; vous y lirez mon discours.

— Mais, honorable attorney, si, malgré votre discours, mon frère Mounoussamy venait en personne vous dire que Gabriel et Klerbbs ne l'ont pas assassiné !..

Le magistrat recula de trois pas, et laissa tomber le journal.

— Mounoussamy, votre frère, n'a pas été assassiné ? s'écria l'attorney, du ton de l'homme qui redoute plus une blessure à travers son amour-propre qu'il ne souhaite la résurrection d'une victime pour laquelle il a plaidé.

— Ah! malheureusement, *your worship*, mon cher frère est mort... Mais voici une lettre qui décharge complétement Klerbbs et Gabriel, et fait tomber sur d'autres la responsabilité du crime.

— Et qui a écrit cette lettre?
— Mon frère Mounoussamy.
— Celui qui est mort?
— Oui, honorable attorney.
— Êtes-vous fou, notre ancien grand-prévôt?
— Voici la lettre. Ayez la bonté de la lire, honorable attorney. Hier en mettant de l'ordre dans les papiers de mon frère, j'ai trouvé cette lettre exposée, bien en relief, pour être découverte à la première perquisition. Elle est à votre adresse comme à la mienne. Le temps presse, lisez cette lettre, au nom de Dieu!

Le magistrat haussa les épaules et lut la lettre de Mounoussamy.

Cette lettre était datée de la veille du jour qui vit disparaître l'Indien dans les ténèbres mystérieuses de la rivière de Lutchmi; elle était ainsi conçue :

« Mon bien aimé frère,

» Nous partons demain matin pour chasser le tigre, » entre le mont des Bergers et les gorges de Ravana.

» Depuis un an je vis avec deux hommes qui veulent me
» perdre, et qui jouent avec moi un jeu plein de ruses et
» d'embûches; j'attends un hasard heureux qui les dé-
» voile, et je les écrase sous mes pieds comme deux ser-
» pents. Je ne connais malheureusement qu'une partie
» des mille piéges dont ils m'entourent dans ma propre
» maison, mais je veux enfin leur fournir l'occasion de
» se déclarer nettement mes ennemis. Ils parlent depuis
» trois mois d'une chasse au tigre avec tant d'obstina-
» tion qu'ils me font présumer que leur plan d'attaque
» ouverte est attaché au jour de cette chasse. Je veux
» donc en finir avec eux. La chasse aura lieu demain.
» Il y a dans notre caravane beaucoup de poltrons;
» ceux-là ne m'inquiètent guère; je n'en attends ni
» hostilité ni secours. Je compte d'abord sur moi, et
» après moi sur deux jeunes voyageurs, un Anglais et
» un Français qui pour l'honneur de leur nation, ne se
» feront jamais les complices de mes deux scélérats.
» Quant aux Péons, ce sont des esclaves indiens; le feu
» d'une amorce les mettra sur les ailes du vent.

» Mes brigands se nomment Goulab et Mirpour. L'un
» est épris de ma femme, l'autre a commis un vieux
» crime à Calcutta de complicité avec son ami, et ils
» continuent à se servir mutuellement pour exploiter
» d'autres horreurs. Si demain je succombais dans cette
» chasse, il ne faut pas que la justice s'égare : les assas-
» sins ne seront pas impunis ; je les dénonce d'avance
» sous les noms de Goulab et de Mirpour. Adieu, mon

» cher frère, je désire en écrivant cette lettre que vous
» ne la lisiez pas.

» MOUNOUSSAMY. »

*A l'habitation du Lac.*

Lecture faite, l'attorney retourna la lettre en tous les sens et ramassant l'*Evening-Chronicle*, il relut son discours, confronta les deux pièces, et après avoir balbutié quelques monosyllabes entrecoupés de pauses, il s'éleva jusqu'à la phrase complète :

— Mon grand-prévôt, dit-il, êtes-vous bien sûr que cette lettre ait été écrite par votre frère? Reconnaissez-vous sa main?

— Si je la reconnais! Tenez, honorable attorney, voici cent lettres de mon frère dans ce portefeuille... Appelez vingt négociants de Madras, montrez-leur l'adresse de cette lettre, et vous verrez si du premier coup ils ne nomment pas Mounoussamy.

— Ah! c'est qu'il faut agir avec précaution dans ces sortes de cas! Je connais mon devoir... la chose jugée!.. Ah!.. Je vais mander sur-le-champ les banquiers et les négociants du voisinage...

— Mais avant tout, honorable attorney, faites suspendre l'exécution...

— Oh! il n'y a rien à craindre!.. Nous avons encore plusieurs heures...

Il sonna; deux domestiques parurent, et il leur donna ses ordres.

En attendant les banquiers et les négociants, l'attorney relut encore son discours, et frappant le journal du revers de sa main, il disait :

— C'est pourtant bien clair et de tout point victorieux, ce que j'ai dit là... mes arguments sont indestructibles!... mes remarques subsistent!..

— Oui, disait le frère ; mais la lettre...

— Oh! la lettre! la lettre!.. ne précipitons rien... il y avait hier cinq juges, et moi... six magistrats unanimes d'opinion!.. nous ne sommes pas six aveugles!.. Vous n'avez pas assisté aux débats, vous... mille personnes distinguées y assistaient... il n'y a eu qu'une voix.

— Et les accusés ont-ils avoué leur crime ?

— Non, certes, ils ne l'ont pas avoué... La belle raison!... En voyez-vous beaucoup de criminels de cette espèce? Ils se font pendre avant d'avouer... c'est le cœur humain.

Les chefs des principales maisons de commerce de Madras arrivèrent bientôt en toute hâte, obéissant à l'ordre qui leur avait été envoyé à domicile. Tous, sans hésiter, reconnurent la main de Mounoussamy.

— Appelez ici toute l'Inde commerçante, dit l'ex-grand-prévôt, et vous entendrez la même chose, honorable attorney !

— C'est possible !... c'est possible !... dit le magistrat... Mais il peut se faire encore que Mounoussamy se soit trompé sur le compte de Goulab et Mirpour... C'était un mari jaloux, qui peut-être...

— Eh bien ! honorable attorney, appelez ici Goulab et Mirpour... Appelez la veuve de Mounoussamy... vous serez toujours obligé de convenir qu'en tout état de choses, il ne faut pas exécuter aujourd'hui Gabriel et Klerbbs, et qu'une nouvelle procédure doit commencer. La lettre de Mounoussamy, lue hier à l'audience, aurait sans doute été de quelque poids dans la balance de la justice... c'est incontestable !

— Non ! non ! cette lettre n'aurait pas détruit l'effet de mon discours... Oh ! il y a un passage tiré de Macbeth... *Tous les parfums de l'Arabie...* si vous aviez vu l'auditoire ! quelle pâleur sur les visages ! non ! non ! la lettre de Mounoussamy... Cependant il ne faut rien précipiter ; je vais envoyer mes ordres au domicile de Goulab et de Mirpour ; je veux voir aussi la veuve du nabab, votre frère. Il n'y a pas de concession que je ne fasse pour vous satisfaire dans vos justes susceptibilités. Mais, croyez-le bien, Gabriel et Klerbbs sont coupables.

— Honorable attorney ! s'écria Talaïperi avec une émotion extraordinaire, ils sont innocents ! Je garantis leur innocence sur ma tête ! Prenez-moi pour ôtage, enfermez-moi dans le fort ; si ces hommes sont coupables, faites-moi pendre avec eux.

Talaïperi avait un accent si persuasif en disant ces paroles, que l'attorney fut ému lui-même, et qu'il déposa l'*Evening-Chronicle* sur son bureau.

Le magistrat fit ensuite deux ou trois fois le tour de son cabinet, sans dire un mot et les yeux fixés sur le parquet, puis il prit une feuille de papier, la doubla lentement, égalisa les feuillets avec les ongles du pouce et de l'index, et, après avoir essayé plusieurs fois sa plume, il écrivit trois lignes dont il avait l'air de méditer chaque mot.

Un *baillif* fut introduit : le magistrat lui remit un billet pour le gouverneur. Deux *sheriffs-officers* reçurent aussi de secrètes instructions.

— Monsieur Talaïperi, dit l'attorney, des ordres vont être transmis pour faire suspendre l'exécution à demain ; je vois clair maintenant dans l'affaire : il y a d'autres coupables... quatre au lieu de deux !... j'en tiens deux, je vais saisir les autres dans l'instant... Vous pouvez vous retirer : la justice vous remercie de votre zèle. Je vous recommande la plus grande discrétion. Il ne faut pas donner l'éveil aux deux complices de Klerbbs et de Gabriel.

Et il fit un signe de tête et de main pour congédier Talaïperi.

— Honorable attorney, dit celui-ci en sortant du cabinet, je ne quitte pas votre maison, je reste dans le vestibule, toujours à vos ordres; mais souvenez-vous bien que Gabriel et Klerbbs sont innocents.

L'attorney fit un signe d'impatience et tourna brusquement le dos à l'Indien.

Une demi-heure après, l'exécuteur des hautes œuvres

descendait de son estrade, et rentrait en ville, sans avoir travaillé, ainsi que nous l'avons vu.

L'habitation de Goulab et de Mirpour fut bientôt cernée par une escouade de soldats, ayant en tête quatre *sheriffs-officers*. Les deux Indiens avaient flairé le danger comme des bêtes fauves plus subtiles que les attorneys; mais on trouva trois Péons, de ceux qui avaient déposé dans le procès. Ils furent conduits chez l'attorney-général, qui était en conférence avec le juge-criminel et le gouverneur, lord Cornwallis.

Là, les trois Péons, intimidés par les menaces des magistrats et par l'imposante figure du chef suprême de la colonie, firent des aveux décisifs; ils dirent que leurs autres compagnons s'étaient embarqués, le matin même, sur un *Kattamaram* qui faisait voile pour Pondichéry et qu'ils avaient reçu des largesses de Goulab; ils racontèrent les événements de la chasse aux tigres tels qu'ils s'étaient passés, et déposèrent contre leurs propres dépositions; ils s'avouèrent coupables, en s'efforçant d'atténuer leur crime, et le rejetant sur Goulab et Mirpour qui les avaient séduits avec de l'or et des promesses brillantes. L'attorney-général leur adressa plusieurs questions, tendant à établir la complicité de Gabriel et de Klerbbs; mais les Péons ne connaissaient, dirent-ils, ces deux jeunes Européens que par le brillant courage qu'ils avaient montré sur les rives du Lutchmi, lorsqu'ils s'élancèrent, seuls, au secours de Mounoussamy, dans le plus terrible des moments.

— Mais, dit l'attorney, c'est sans doute alors que Gabriel et Klerbbs auraient pu assassiner le nabab, puisqu'ils restaient seuls avec lui ?

— Eh ! ils n'étaient pas seuls ! dirent les Péons ; il y avait entre l'Indien et les deux Européens quarante tigres assez forts pour dévorer *Tchina-Patnam !*

— Avez-vous vu aujourd'hui Goulab et Mirpour ? demanda le juge criminel.

— Nous les avons suivis toute la nuit, dans les rues de la ville, et, ce matin, sur la place du Gouvernement. Ils ont disparu lorsque le bourreau s'est retiré ; nous croyions les retrouver à leur habitation, mais ils n'y étaient pas.

— Il est clair comme le jour, dit l'attorney, que ces deux Indiens sont coupables ; mais l'innocence des deux autres accusés n'est pas établie. J'ai dit hier dans mon discours...

Lord Cornwallis interrompit le magistrat par un léger mouvement de la main, et lui dit, après avoir fait retirer les Péons sous bonne escorte :

— Mon cher attorney, votre zèle est louable et je l'honore ; mais l'œil le plus clairvoyant peut s'égarer une fois. Écoutez-moi : j'ai reçu ce matin la veuve de Mounoussamy ; j'ai vu les deux prisonniers ; j'ai vu le vieux missionnaire catholique qui a passé la nuit auprès de Gabriel ! j'ai vu Talaïperi, l'ex-grand-prévôt, qui jouit à Madras de l'estime générale ; je connais, de plus, les mœurs de Goulab et de Mirpour, sur lesquels j'exerce depuis longtemps une surveillance particulière. Eh bien ! d'après tout ce que j'ai appris, tout ce qui m'a été confié, tout ce que j'ai vu, tout ce que je sais, je n'hésite pas à déclarer que Gabriel et Klerbbs sont innocents, et que cependant hier un tribunal a pu les croire coupables. Les annales de la justice offrent cent exemples de ce genre. Il faut se résigner à la légère contrariété de reconnaître l'erreur.

Le juge criminel approuva, par un geste non équivoque, les paroles du noble lord. L'attorney fit un mouvement de bras et de tête qui signifiait tout ce qu'on voulait ; mais on aurait pu voir, un instant après, à la contraction de son nez vulturnien, qu'une violente colère avait été refoulée au fond de son cœur par la suprême parole de lord Cornwallis, ce roi de Coromandel.

Une bonne heure après cet entretien, Talaïperi, muni d'un ordre du juge criminel, également revêtu de la signature du gouvernement, se rendit à la prison, où déjà deux *sheriffs-officers* avaient signifié au geôlier la sentence d'élargissement.

Klerbbs et Gabriel, rendus à la liberté, furent conduits par Talaïperi chez le gouverneur, qui leur adressa de nobles paroles.

— Croyez bien, messieurs, leur dit-il à la fin de leur entretien, que je suis prêt à faire tout ce qui est en mon pouvoir pour vous faire oublier vos cruelles angoisses de ces derniers jours. Venez souvent à mes soirées de réception, je veux vous serrer la main affectueusement devant la haute société de Madras; et souvenez-vous que je serai heureux de vous rendre un service de quelque nature qu'il soit, aujourd'hui ou dans l'avenir.

Les deux jeunes gens, émus jusqu'aux larmes, se confondirent en actions de grâces, et sortirent du palais avec Talaïperi.

Un palanquin élégant, ou *tandigel,* traîné par deux bœufs blancs, de la race de ceux qui franchissent en quinze heures les trente-trois lieues de Madras à Pondichéry, stationnait sur la place, avec les deux *Boués* ses conducteurs. Talaïperi montra le palanquin aux deux Européens, en les invitant à y prendre place.

— Où nous conduisez-vous, notre noble ami? demanda Klerbbs.

— A notre habitation de Tinnevely, répondit l'Indien.

— C'est passer de l'enfer au paradis, dit Gabriel.

— Vous vous trompez, dit l'Anglais à l'oreille de Gabriel; je crois que vous ne ferez que changer d'enfer.

Gabriel soupira profondément et ne répondit que par un silence expressif.

Comme le palanquin traversait le pont des Arméniens, Talaïperi montra l'habitation de Goulab aux deux amis; elle était toujours cernée par des soldats, et, malgré l'éloignement, on pouvait distinguer, par les larges croisées ouvertes, des groupes d'officiers de police qui continuaient leurs perquisitions.

— Oh! dit Talaïperi en allongeant le bras hors du

palanquin, cherchez, cherchez l'éléphant, vous ne le trouverez pas; il faut d'autres yeux pour le voir et d'autres mains pour le saisir !

Gabriel et Klerbbs, bercés par le palanquin, et vaincus par le sommeil, après plusieurs nuits d'insomnie brûlante, s'étaient endormis profondément.

## VI

### L'Habitation du Lac.

Dans cette vie, il ne faudrait jamais revoir ce qu'on a vu avec plaisir une première fois. Le retour est fatal. La perspective lointaine favorise toujours l'illusion. L'homme le plus heureux serait celui qui marcherait toujours devant lui, à travers les neuf mille lieues qui cerclent notre petit globe, en disant des adieux éternels à tous les bonheurs de surprise qu'il rencontrerait.

Rentré à l'habitation du lac, Gabriel n'y avait rien trouvé de ce qu'il attendait. Héva était absente ; elle passait dans une modeste maison de Madras les premiers mois de son veuvage, et ne recevait d'autre visite que celle de son beau-frère Talaïperi. L'opulence hospitalière qui éclatait autrefois dans la maison de campagne de Mounoussamy avait disparu avec le maître. Plus de grands festins, plus de convives, plus d'amour, plus de gaîté. Un silence de mort régnait aux appartements inférieurs ; les oiseaux passaient entre les lames des persiennes ; des guirlandes de fleurs desséchées tombaient des kiosques comme des chevelures de désolation ; les gerbes d'eau ne dépassaient plus le marbre des bassins. L'Éden avait perdu son Ève.

Gabriel et Klerbbs, grâce aux bontés de Talaïperi, auraient pu se croire les maîtres de cette maison. Le sage Indien voulait, autant qu'il était possible, par la plus large hospitalité, leur faire oublier des nuits et des jours bien cruels, et honorer, en même temps, aux yeux de tous, le courage qu'ils avaient montré sur les rives du Lutchmi, quand ils se précipitèrent héroïquement au secours de son frère.

Le nombre des domestiques attachés au service de l'habitation n'avait pas été diminué ; mais presque tout le personnel en était changé ; quelques Indiens, d'une fidélité éprouvée, avaient échappé seuls à cette épuration. Des serviteurs anglais remplaçaient les anciens Péons douteux ou traîtres. L'intelligence qui avait présidé à l'établissement de cette domesticité nouvelle témoignait assez de l'intérêt qu'Héva portait encore à cette maison, et Gabriel en concluait que la belle veuve quitterait les ennuis de Madras lorsque les convenances le permettraient.

Les deux amis, servis par une vingtaine de domestiques, menaient une vie assez monotone, la seule qui ressemble au bonheur. Klerbbs songea sérieusement à remplir le but de sa mission scientifique, et il consentit à visiter, assis dans un fauteuil, la vaste bibliothèque de Mounoussamy, pour y découvrir l'*Histoire des Malabars*. Gabriel allait à la chasse au Touraco dans la vaste forêt qui s'étendait de la terrasse de la maison à la montagne. Souvent le jeune savant, aventuré sur les hauteurs du Tinnevely, jetait un regard mélancolique sur la double haie de grands arbres qui ombrageaient la route de Madras, et dans chaque plainte du vent dans le feuillage il croyait reconnaître le bruit sourd des roues du *tandigel* qui devait ramener Héva sous les douces et flottantes arcades de ces néfliers du Japon, et devant les volières aux treillis d'argent, où mille oiseaux dorés appelaient leur jeune maîtresse au lever du soleil et au tomber du jour.

Un matin, sans que rien eût pu faire prévoir la veille sa résolution, Klerbbs descendit de son appartement en habit de voyage, et fit ses adieux à Gabriel. Il partait, disait-il, pour visiter la province du Carnatic et passer quelques jours à Tranquebar. D'après de nouveaux renseignements, il comptait découvrir dans cette excursion le manuscrit de l'*Histoire des Malabars*. Gabriel ne pouvait accompagner son ami : son destin était lié désormais à cette habitation solitaire, que la présence d'une femme devait peupler bientôt de toutes ses grâces, de tous ses enchantements.

— Mon voyage ne sera pas long, dit Klerbbs, en serrant les mains de Gabriel, et pour l'abréger encore, je ne me donnerai aucune peine pour trouver ce que je cherche. Malheur à qui cherche ! il ne trouve jamais. Je me laisserai découvrir par l'*Histoire des Malabars*. Adieu, et ne chasse jamais aux tigres.

— Adieu, Klerbbs, dit Gabriel ; reviens-moi bientôt, et écris-moi pour calmer mes impatiences. A ton retour, tu me trouveras peut-être fiancé.

— Mon cher ami, dit Klerbbs en montant à cheval et prenant son ton railleur, je crains que la belle veuve ne se soit brûlée incognito, sur le tombeau de son mari, selon l'usage indien.

Les mains des deux amis s'agitèrent quelque temps encore pour échanger de loin des saluts, et Klerbbs disparut au galop dans les massifs d'ébéniers.

Gabriel recommença une vie d'isolement qui ne pouvait lui donner aucune distraction salutaire. Chaque jour il se préparait à voir lever, à l'horizon de Madras, l'étoile d'amour attendue, et chaque soir, lorsque les ténèbres couraient avec les bois autour du lac, comme un rempart d'ébène, et que les solennelles harmonies des nuits indiennes s'élevaient dans de mystérieux lointains, il sentait que l'espoir conçu à l'aurore, sous des nuages de rose, s'échappait avec le dernier reflet du crépuscule, éteint à l'horizon de la mer. Alors il se plaçait sur le balcon du chattiram et restait de longues heures plongé dans des rêveries qui remettaient sans cesse devant ses yeux les jours écoulés. Le jeune homme comprenait qu'il y avait autour de lui une atmosphère de doux poisons, et devant lui un avenir assombri de toutes ses incertitudes ; mais il n'avait pas la force de fuir. Il était opprimé par un souvenir d'amour contre lequel il n'y a plus de résistance secourable. Voir une jeune et belle femme dans quelque bourgeoise et froide résidence d'une ville d'Europe, dans une étroite cage de maison; la quitter par un escalier gluant; penser à elle sur le pavé pluvieux d'une rue bruyante, et l'oublier le lendemain, c'est là ce qu'il est aisé de faire, et ce que tous les hommes ont fait. Mais il renaît de lui-même, comme le foie de Prométhée, sous le bec du vautour, l'amour qui éclata dans un festin splendide, un soir, sous des étoiles sereines, dans le ravissement d'un paysage inconnu, au milieu des arômes enivrants qui montent de la terre au ciel, au milieu des fleurs qui jouent dans les cheveux de la femme, au milieu d'une fête qui vous enlève à la réalité de ce monde et vous fait toucher votre plus beau rêve. Un pareil souvenir ne s'évapore plus. Toujours, dans les ennuis qui sonnent avec les heures, on revoit ce festin, ces étoiles, ces fleurs, cette fête, tout ce cortége étincelant qui s'unit à la femme aimée, et fait corps avec elle, et l'élève si haut dans le délire de la passion, que toute autre femme semble n'être plus que l'ombre dérisoire de cette reine, qui porte avec elle toutes les joies du ciel et de la terre.

Gabriel, seul maître de cette maison, retrouvait à chaque pas devant lui la femme absente et adorée. Il y avait partout de délicieuses négligences, de charmants caprices qui attestaient le passage d'Héva; et le Lori familier, qui déployait ses ailes peintes sur le perchoir d'érable, trompé lui-même par toutes les brillantes fantaisies amoncelées au salon sur les laques et les émaux de Chine, entonnait un chant de joie et secouait gracieusement sa jolie tête pour demander un baiser à des lèvres de corail. C'était partout un éblouissant chaos de toutes les futilités heureuses qui s'embaument aux mains de la femme ; des éventails, semés d'oiseaux bleus, s'échappant d'un kiosque chinois ; des nuages de broderies, délaissés avec une adorable nonchalance; des vases du Japon, sur lesquels une main folâtre avait noué, au couvercle, un nœud de rubans sur la vénérable tête de Brahma ; des cristaux, à vives arêtes, dont la gueule évasée laissait tomber des tulipes flétries ; des dieux de porcelaine à demi brisés ; un échiquier, avec toutes ses pièces renversées dans un accès de colère enfantine, sous le coup d'un *mat* trop précoce. La main d'Héva était partout; absente, elle habitait sa maison.

Le beau-frère d'Héva, le sage Talaïperi, quand il revenait de Madras, où le retenaient presque continuellement de graves affaires, à l'habitation du Lac, disait quelquefois à Gabriel :

— Nous sommes vraiment désolés de ne pas pouvoir vous donner quelques distractions, quelques amusements de campagne, mais vous comprenez mieux que personne notre position ; l'habitation est en deuil. Cependant le Temps, ce dieu qui console, vous fera, j'espère, de meilleurs jours au sein de notre famille et de quelques bons amis.

Gabriel répondait que cette solitude était pour lui pleine de charmes ; qu'il pouvait y exercer royalement sa passion favorite, la chasse, et qu'ensuite il trouvait deux excellents remèdes contre l'ennui, l'étude et la méditation.

Sur ces entrefaites, Gabriel reçut une lettre de Klerbbs; elle était ainsi conçue :

Tranquebar, juin 18 .

« Mon cher Gabriel,

» Je vous écris pour remplir la promesse que je vous
» ai faite à mon départ.
» Je n'ai pas encore eu le bonheur de trouver l'His-
» toire des Malabars ; il est vrai que j'ai eu le malheur
» de la chercher. J'ai fouillé la province du Carnatic et
» la pagode de Vilnour, qu'on m'avait désignée comme
» une bibliothèque d'histoires indiennes. Fiez-vous aux
» renseignements ! la pagode de Vilnour est en ruines ;
» ce n'est plus qu'un recueil de serpents. Décidément,
» je ne cherche plus.
» L'autre jour, une société de jeunes Anglais, entre
» deux parties de wisth, m'a proposé de faire le septième
» dans une chasse aux tigres, sur les bords du fleuve
» Caveri. Il y a, tout près de Tranquebar, disaient-ils,
» un vieux fort ruiné, qui est un club de tigres. J'ai fait

» mille remerciments à ces messieurs. Assez de tigres!
» n'est-ce pas, Gabriel?

» Je puis recevoir une lettre de vous à Tranquebar,
» et, votre lettre écrite, ne m'écrivez plus; nous nous
» parlerons de près: cela vaut mieux.

» Votre bien dévoué,

» EDWARD KLERBBS. »

La réponse que fit Gabriel à cette lettre est le récit de quelques événements survenus la veille à l'habitation du Lac; la voici:

« Mon cher Klerbbs,

» Votre lettre m'a porté bonheur; une chose heu-
» reuse n'arrive jamais seule: Héva est ici.

» Hier, au retour de la chasse, à quatre heures du
» soir, deux piqueurs ont fait trembler sous leur galop
» la grande allée de naucléas.

» — Voici madame! ont dit les domestiques. Talaïperi
» est descendu sur la terrasse pour recevoir la reine du
» Tinnevely.

» Moi, je n'ai su quel poste m'assigner; il me sem-
» blait que j'étais déplacé partout; j'aurais voulu être
» sur les arbres, avec les oiseaux.

» Deux palanquins se sont arrêtés devant le *chatti-*

» *ram*. Dans le premier, il y avait les femmes d'Héva ;
» je n'ai pas vu l'éblouissante forme qui descendait du
» second ; mes yeux se sont fermés.

» Quand je les ai rouverts, Talaïperi me présentait à
» Héva. J'ai senti la terre onduler sous mes pieds ; ma
» poitrine s'est gonflée ; ma langue s'est desséchée d'a-
» mertume ; mon front a brûlé les racines de mes che-
» veux.

» J'ai balbutié une de ces phrases de présentation qui
» sont admises comme ne devant rien signifier ; la
» mienne était tissue d'anglais, de français, de malais et
» de hollandais. Je n'ai pas entendu ce qu'Héva m'a dit ;
» mes oreilles sont trop grossières pour recueillir
» la mélodie angélique descendue des lèvres de cette
» femme !

» Cependant, je me suis révolté contre moi-même, et
» j'ai fait un énergique appel à mon courage, comme si
» j'eusse été en face d'un extrême péril.

» Oh ! j'ai senti que ma destinée était invinciblement
» liée à cette femme, que ma vie était dans elle. On n'a
» qu'une fois des pressentiments aussi lumineux ! elle a
» été faite pour moi ; un autre l'avait prise contre
» mon droit ; il est mort, elle est veuve ; l'ordre est ré-
» tabli.

» Heureusement, dans ce monde qui l'entourait, per-
» sonne n'a remarqué mon émotion ; tous les yeux ne
» regardaient qu'elle ; les plus vils esclaves ennoblis-
» saient leurs visages en regardant le sien.

» Les autres m'ont enhardi; j'ai levé les yeux sur
» elle, et je n'ai rien vu qu'elle après. Elle portait une
» robe de deuil, plus rayonnante que la plus belle pa-
» rure de bal; une gaze transparente essayait de couvrir
» ses bras; son col, dépouillé de ses ornements, s'élevait
» blanc et pur, encadré par l'ébène fluide des cheveux
» et le noir du corsage. Une légère teinte de tristesse
» semblait lutter sur son visage contre le sourire près
» de poindre. Ses yeux n'annonçaient pas trop de larmes
» répandues; ils avaient l'éclat velouté de l'iris et la
» limpidité du diamant. Lorsqu'elle a paru dans la pre-
» mière salle, il y a eu dans les volières une furie de
» chants de joie et un frémissement d'ailes qui l'ont fait
» tressaillir de bonheur.

» Décidément sa tristesse de veuve n'était pas déses-
» pérante pour moi.

» J'attendais qu'elle me parlât, avec une anxiété douce
» et poignante à la fois, j'avais soif de ses paroles, et
» pourtant je désirais me confondre parmi ses serviteurs
» qui se sont arrêtés sur le seuil de la salle, et sont
» rentrés dans leurs ténèbres et leur néant.

» Elle s'est assise; elle a dénoué le *madras* à la créole
» qui couvrait le haut de sa tête; elle a pris un éventail
» et nous a priés de nous asseoir à côté d'elle, son
» beau-frère et moi.

» J'ai obéi machinalement. Un miroir voisin m'a dit
» que j'étais affreux de pâleur. Je n'ai pas eu le temps
» d'analyser mes sensations; je les subissais, en ren-

» voyant mon autopsie morale à de plus calmes mo-
» ments.

« — Monsieur, m'a-t-elle dit, j'attendais cette occa-
» sion pour vous exprimer combien je vous suis recon-
» naissante de votre noble conduite sur les bords du
» Lutchmi, et combien j'ai souffert en apprenant la fa-
» tale méprise qui vous a donné tant de tourments!

» La confusion de Babel est retombée sur ma langue.
» Aucun interprète n'aurait pu traduire ma réponse:
» j'étais jaloux de ces oiseaux qui avaient, pour lui ré-
» pondre, des concerts dignes d'elle, et qui se pres-
» saient aux treillis des cages, pour se suspendre à son
» col d'ivoire, comme un collier d'émeraudes vivantes
» et de rubis ailés.

» Heureusement elle a cru que je lui avais répondu
» quelque chose, et elle a ajouté :

» —Votre ami, sir Edward Klerbbs, nous reviendra-
» t-il bientôt?

» — Bientôt, ai-je répondu, comme un écho sec qui ne
» rend exactement que ce qu'on lui donne.

» — C'est un jeune homme digne de toute estime,
» a-t-elle dit en appuyant sur chaque mot; sir Edward a
» l'esprit français fondu dans le flegme britannique. Mon
» mari l'aimait beaucoup.

» Je sentais que je reprenais mes esprits, et deux
» mots, deux mots bien simples que je dois, hélas! en-
» tendre souvent, m'ont de nouveau bouleversé. Vous
» ne sauriez croire, mon cher Klerbbs, tout ce que mon

» cœur a souffert d'aigu et de glacé à ces deux mots *mon*
» *mari!* ils emportaient avec eux tant de pouvoir d'un
» côté, tant de soumission de l'autre!... Je n'aurais ja-
» mais cru que, dans de certaines conditions, ces deux
» mots fussent aussi désolants.

» L'arrivée de deux étrangers qui suivaient de près
» le palanquin d'Héva, m'a soulagé quelques instants.
» Ce sont les avocats ou hommes d'affaires qui viennent
» s'établir ici pour débrouiller le chaos d'une immense
» succession.

» Ils étaient à leur aise ceux-là; ils sont entrés
» comme ils entrent chez eux; ils ont salué Héva, ainsi
» qu'ils auraient salué une femme ordinaire. Comment
» se fait-il que tout homme qui la voit pour la première
» fois ne tombe pas à ses pieds?

» Le plus âgé de ces hommes d'affaires a ouvert deux
» croisées pour mieux examiner la salle, car le jour
» baissait.

» — Ceci est très-beau, a-t-il dit, très-beau!.....
» Toute la maison est de même sans doute : c'est du
» vrai luxe anglo-indien! Le mort avait du goût. Mais,
» dans ce désert, tout cela ne vaut pas dix mille pias-
» tres; nous en aurions cinquante mille aux portes de
» Madras! Dans un immeuble la position est tout... Les
» dépendances s'étendent-elles bien loin, madame?

» — Monsieur, a répondu Héva, il est tard, je suis un
» peu fatiguée, vous causerez de ces choses ennuyeuses

» avec mon beau-frère. On va sonner le dîner dans l'ins-
» tant.

» Elle nous a gracieusement salués, et je l'ai suivie
» des yeux tant qu'elle a été visible à travers les salles
» et les galeries qu'éclairait encore le rayon horizontal
» du soleil couchant.

» Excusez-moi, Klerbbs, de vous raconter minutieu-
» sement tous ces détails ; je sais en les écrivant que
» chacune de mes phrases est accueillie par votre sou-
» rire railleur ; mais je vous pardonne votre esprit :
» j'aime mieux que vous l'exerciez contre moi que con-
» tre un autre. Parce que vous avez échappé par mi-
» racle aux yeux de cette femme, vous avez une fierté
» intolérante ; un peu de pitié, je vous prie, pour l'ami
» moins heureux que vous.

» D'ailleurs, vous le savez, l'amour s'excuse, il ne
» s'explique pas ; un jour peut-être vous ferez connais-
» sance avec cette passion terrible, et vous compren-
» drez alors comment dans ce qui la touche tout nous
» plaît et surtout les plus petits détails.

» Au dîner, nous étions cinq. La conversation s'était
» établie entre Talaïperi et les hommes d'affaires sur la
» prééminence commerciale que l'avenir réservait à
» Calcutta, aux dépens de Madras. Les hommes ne sa-
» vent jamais ce qu'il faut dire devant une femme. Je
» suis sûr que mon silence, pendant cette conversation,
» a été favorablement remarqué par Héva. Une femme
» nous distingue souvent pour la plus mince nuance de

» conduite et d'à-propos. C'est une erreur de croire
» qu'il faut gagner des batailles, et se faire couronner
» de lauriers pour plaire à une femme ; il faut quelque-
» fois se taire et rester immobile, quand les autres par-
» lent et s'agitent à ses côtés.

» Klerbbs, vous devez me trouver bien vain, n'est-ce
» pas ? mais il ne tenait qu'à moi de garder mon orgueil
» au fond du cœur, à l'exemple de ceux qui s'appellent
» modestes. J'ai mieux aimé vous envoyer ma pensée
» la plus secrète, tout en relief sur une feuille de papier.
» Au reste, je me trouve si absurde, depuis l'arrivée
» d'Héva, que j'ai besoin, pour ne pas me désespérer,
» de me savoir gré de la moindre chose qui puisse me
» relever à ses yeux.

» Je vous écris au milieu de la nuit, ma lettre devant
» partir à la pointe du jour. La maison est calme, à
» cette heure, mais cette tranquillité ne ressemble pas
» à celle de l'autre nuit. On sent que la déesse est ren-
» trée au temple ; on sent que cette vaste habitation a
» maintenant une âme, que ce silence est bruyant, que
» ce désert est peuplé. Il y a un souffle enivrant qui
» agite les fleurs des kiosques, et le clavier des persien-
» nes ; il y a une animation divine qui circule dans l'air
» et l'embaume ; il y a même dans la nature une expan-
» sion de molles extases qui semblent ne venir du ciel
» que pour moi.

» Adieu, Klerbbs, adieu, mon vieux compagnon de

» deux jours. Arrivez! arrivez! je serai plus fort quand
» je serai deux.

GABRIEL N***. »

« *P. S.* Goulab et Mirpour se sont dérobés aux pour-
» suites de la justice. On les a vus, dit-on, se pavaner,
» en costume européen, sur le port à Pondichéry.
» D'autre part, on affirme qu'ils se sont embarqués pour
» Batavia.

» N'acceptez aucune chasse aux tigres ; ne vous lais-
» sez pas entraîner, sous aucun prétexte, par ces graves
» fous, vos compatriotes. Oui, vous avez raison, assez
» de tigres ; le nom de ces animaux me zèbre la peau de
» lames de feu.

» Mon Touraco blanc est sans doute perché sur le
» volume de votre Histoire des Malabars. »

G.

Gabriel plia cette lettre, et la déposa sur la table à côté de son lit, pour ne pas oublier à son réveil de la donner au Télinga.

Puis, il voulut respirer quelques instants l'air de la nuit et la fraîcheur du lac, et s'accouda sur le balcon de sa croisée, à demi voilée par des réseaux de fleurs grimpantes à clochettes.

Les nuits indiennes ont des attraits incomparables ; elles ont l'éclat des jours septentrionaux, et elles vous invitent à les contempler. Gabriel se laissa mollement entraîner à cette séduction de la nature; il s'oublia devant cette autre reine invisible qui lui parlait avec ses harmonies, et le caressait avec son souffle embaumé. Des gerbes de lumière douce pleuvaient des étoiles, et couvraient, comme une rosée de gouttes d'opale, la cime déliée des montagnes et des bois : le lac copiait le firmament, et lui renvoyait ses constellations; mais, sur un côté de ses rives, il semblait garder les ténèbres compactes de la nuit, dans des massifs de plantes fluviales, et dans les abîmes de ses grottes. Le regard, qui ne rencontrait partout que l'enchantement et la grâce, s'arrêtait avec une sorte de terreur sur ce coin sombre et mystérieux du divin tableau d'une nuit du Tinnevely.

Gabriel détournait ses regards de cette prespective effrayante, en accusant la nature, qui jette toujours quelque point noir dans son plus bel azur et se complaît dans l'imperfection lorsqu'il lui serait aisé d'être parfaite ; puis il laissait encore retomber ses yeux sur ce côté du lac, avec cet instinct dépravé qui pousse l'homme à tout ce qui l'afflige et l'arrache à ce qui lui sourit. A force de sonder ces abîmes de ténèbres, Gabriel crut découvrir quelques mouvements de feuillages qui n'étaient pas excités par les impulsions brutales des animaux et annonçaient au contraire la précaution calme d'une pensée intelligente. Un bruit d'eau sourde accompagna un craquement de branches, et une tête humaine se détacha sur la limite des ténèbres, dans un fond d'azur lumineux et étoilé. Gabriel retint son souffle et s'imposa l'immobilité d'une statue, les yeux fixés sur cette étrange apparition.

La nuit donne aux objets une grandeur indéterminée : aussi la tête qui se leva d'entre les noires feuilles parut énorme à Gabriel ; un instant il eut l'idée qu'elle appartenait à un éléphant, et son esprit préoccupé de la crainte d'un danger vague se rassura. De tous les animaux qui se cachent la nuit avec une pensée, le plus redoutable, c'est l'homme. Gabriel avait admis l'éléphant, et il se retirait de la croisée pour gagner son alcôve lorsqu'il entendit distinctement une voix humaine qui sortait de cette monstrueuse tête, et qui, réprimée par la prudence jusqu'au ton le plus bas, arrivait encore distincte et terrible dans cette atmosphère transparente qui semble faire vibrer la moindre plainte de l'insecte sous une immense coupole de cristal.

Gabriel vit ensuite dans le petit golfe des massifs ténébreux les eaux se troubler, perdre leurs teintes lumineuses et se hérisser de petites vagues, comme si des corps agiles et vigoureux les traversaient à la nage pour gagner un rivage invisible. Les rameaux sombres que l'apparition avait agités au bord du lac reprirent leur immobilité de rempart d'ébène. Quelque chose de menaçant et de mystérieux venait de s'accomplir là, mais il n'était donné à personne de le comprendre : ce secret s'était plongé dans les abîmes de la nuit et du lac. Gabriel ne détacha plus ses yeux de ce coin du tableau. Il se posa comme une sentinelle vigilante pour garder le sommeil d'Héva, et cette pensée lui donna des frissons de joie. A l'aube, il se félicita de sa veille, en voyant la maison se lever comme les autres jours. Cependant lui-même n'était pas rassuré sur le péril.

Il descendit sur la terrasse dès qu'il vit les jardiniers sortir de la ferme, leurs instruments sur l'épaule : il aborda le premier qui passa devant lui, et après lui avoir fait quelques questions insignifiantes, il lui demanda des nouvelles de ce magnifique troupeau d'éléphants privés qu'il avait vu autrefois sur les bords du lac. Le jardinier répondit que la veuve de Mounoussamy les avait donnés au gouverneur de la colonie, qui les avait placés au jardin zoologique de Madras.

La nuit et le lac gardèrent leur mystère. Gabriel examina de près les massifs de feuillages d'où s'était levée une tête humaine : il vit beaucoup de rameaux brisés à hauteur d'homme et de larges vestiges sur les gazons d'alentour. Il avait eu d'abord l'intention de tout dire à Talaïperi et à Héva, pour attirer leur surveillance sur ce coin de ténèbres et d'embûches ; mais il craignit que la belle veuve ne reprît le chemin de Madras si la campagne ne lui offrait aucune sûreté dans ses nuits. Il adopta donc l'avis contraire. Il résolut de ne pas révéler cette effrayante apparition et de veiller toujours dans l'ombre, ses armes à la main, prêt à s'élancer vers le lac au moindre signe de danger, à la tête de ses domestiques.

Cette idée lui en suggéra une autre ; il regagna sa chambre, rouvrit sa lettre à Klerbbs et ajouta cet autre *postscriptum* :

« Mon cher Klerbbs, oubliez tout ce que je viens de
» vous écrire, et ne pensez qu'à ces derniers mots, je
» les écris deux heures après ma lettre : — ARRIVEZ NON
» PAS EN VOUS PROMENANT, MAIS AU VOL DE LA VOILE ET
» DU CHEVAL. J'AI BESOIN DE VOTRE AMITIÉ. »

Il remit sa lettre au Télinga, et trop ému des scènes de la nuit pour songer au repos, il attendit le lever d'Héva sous la colonnade du *Chattiram*, ouverte aux rayons de l'aurore.

---

## VII

### Une Veuve de l'Inde.

Feinte ou vraie, la douleur qui commence avec le veuvage subit chaque jour une décroissance notable, manifestée au moral par des velléités de sourire, et au physique par des nœuds de rubans de couleur modeste. Arrive un jour où quelque parole de gaîté tombe à l'improviste sur une veuve. Soudain un violent effort suspend la douleur, et la sombre dame hasarde un premier sourire d'essai. Une révolution s'opère dès ce moment. Il n'y a que ce premier sourire qui coûte. La robe est chargée de continuer le deuil.

Dans l'Inde surtout, une veuve est si enchantée de ne plus monter sur le bûcher de son mari, grâce à la conquête européenne, qu'elle doit être moins inconsolable que partout ailleurs, les épitaphes exceptées. Nous ne serons donc point étonnés de trouver la belle veuve du Tinnevely dans une phase de consolation assez prononcée quelques jours après sa rentrée à la maison du Lac. Cependant elle aimait, disait-on, beaucoup son mari.

Cela se conçoit encore ; elle s'aimait encore plus elle-même, et une jolie femme, quelque grande que soit sa désolation, craint toujours qu'une désolation trop prolongée ne la vieillisse avant l'âge et n'altère son teint. Elle ne se console pas par indifférence envers le défunt, mais par une tendresse bien naturelle pour sa beauté. On pouvait donc admettre qu'Héva aimait son mari.

Gabriel avait organisé un plan d'attaque assez habile, dans un de ces moments lucides où la passion peut raisonner. Il n'était pas homme à brusquer une déclaration, dès les premiers jours, à une veuve qui aurait pu la regarder comme une insulte à sa robe de deuil. Certainement, il pouvait trouver Didon, mais il craignait Andromaque. Avant tout, notre jeune homme s'était décidé à étudier le caractère d'Héva, en supposant qu'elle eût un caractère, chose rare chez une femme belle, opulente, ennuyée, étourdie, enivrée par un hymne éternel d'adorations. Il voulait aussi laisser supposer qu'il était arrivé graduellement à une passion extrême, et que son amour n'était pas une improvisation d'écolier qui s'éprend de la seule femme rencontrée dans un désert avant de la connaître, et l'oublie à la première distraction. Aussi il adopta une tactique savante, qui consistait à voir Héva seulement aux heures obligées, à l'éviter sans affectation, à la rencontrer toujours comme par hasard, à lui parler avec cette gaîté douce et naturelle qui fait rechercher un homme sans redouter un prétendant.

La scène effrayante et mystérieuse que Gabriel avait entrevue la nuit de l'arrivée d'Héva ne s'étant plus renouvelée, le jeune homme se persuada bientôt qu'il avait été dupe de quelque vision, et sa vigilance s'endormit.

Un matin, Héva descendit au déjeuner avec une robe qui n'était plus de deuil, mais qui n'était pas encore de la parure. Elle reçut ce jour-là quelques visites de ses anciens adorateurs européens, convives ordinaires des festins de Mounoussamy. Ces voyageurs sédentaires furent accueillis gracieusement; Héva leur fit comprendre qu'ils pouvaient rentrer chez elle dans leurs anciennes habitudes de commensaux et d'amis. Ils n'étaient pas aussi nombreux que du vivant de l'époux: c'est que la plupart se croyant compromis, au moins par leur lâcheté innocente, dans l'affaire de la chasse aux tigres, n'osaient plus rentrer sur les domaines de l'Indien. Gabriel n'avait pas de rivaux bien redoutables dans cette pléiade de désœuvrés amoureux; cependant il les revit avec peine. Ces hommes apportaient beaucoup d'ennuis avec eux; ils gâtaient le salon et le paysage; ils passaient comme un nuage lourd dans l'atmosphère d'azur où rayonnait Héva.

Heureusement Klerbbs arriva pour animer la scène. On était à table vers le milieu du jour; les convives parlaient bas. Gabriel causait avec Talaïperi sur les avantages qu'on retirait de la coupe des bois d'érable à la lune de juin; Héva causait avec sa perruche de choses plus importantes. On entendit un galop de cheval dans l'allée, et l'ombre d'un cavalier passa comme le vent sur la terrasse de la maison.

— C'est sir Edward Klerbbs! s'écria la belle veuve.

Et comme tous les convives se levaient pour le recevoir, le jeune homme entra, tenant d'une main sa cravache et de l'autre une boîte d'acajou.

On s'aperçut qu'il comprimait un mouvement de surprise en voyant Héva parée d'un sourire charmant et d'une robe de couleur inconsolable. Klerbbs baisa respectueusement la main de la jeune veuve et accepta de grand cœur la place offerte à son côté. Gabriel ne sut comment expliquer une douleur froide qu'il ressentit à la poitrine, et un accès de chaleur qui lui tordit les muscles du col; il aurait mis volontiers cette double sensation sur le compte du retour de son ami; mais il y avait quelque chose de trop poignant au fond d'une pareille secousse pour l'accepter dans un sens consolateur.

Klerbbs arrivait de Madras dans un costume de dandy achevé. Il s'excusa gracieusement de se présenter ainsi en habit de voyage, et promit de reprendre l'uniforme des campagnards indiens avant le soir.

— Oui, madame, dit-il en répondant à la première question d'Héva, j'ai fait un voyage délicieux, surtout à la fin, en arrivant. On ne part jamais que pour goûter le plaisir du retour.

— Et la science, sir Edward Klerbbs, où est-elle? dit

Héva en souriant et présentant son joli doigt au bec de la perruche.

— La science est en bon chemin, madame : j'ai découvert qu'on peut aller en dix heures de Pondichéry à Madras.

— Avec un bon cheval ?

— Avec un mauvais cheval..... voilà la beauté de la découverte.

La conversation s'établissait sur un ton de frivolité joyeuse qui mettait Klerbbs à son aise. Le veuvage était âgé de six mois ; c'est un an dans les pays chauds. Klerbbs jugea la position et le terrain du premier coup. Il adopta des allures lestes et fringantes ; il se mit au niveau de la douleur modérée qui régnait au logis, et ne fut nullement déconcerté par la présence du frère de Mounoussamy, qui lui-même avait un visage consolé. Pourtant la conversation prit bientôt une tournure étrange, surtout aux oreilles de Gabriel ; Héva s'y révéla sous un jour tout nouveau, qui jeta notre jeune amoureux dans de singulières perplexités.

Héva se renversa nonchalamment sur le dossier flexible de son fauteuil et fit cette question:

— Où en êtes-vous de l'Histoire des Malabars ? sir Edward Klerbbs ?

— Je l'ai, madame, je la tiens.

— Vous l'avez enfin trouvée ?

— Non, je l'ai faite.

— En langue indienne ?

— Non, traduite de l'indoustani sur l'original.

— Qui n'existe pas !

— Est-ce ma faute, madame, s'il n'existe pas ? Peut-on forcer un original à exister ? Soyons raisonnable..... Ah ! madame, je m'aperçois que vous êtes constante : voilà toujours Sliga, votre perruche favorite.

— Toujours, sir Edward ; elle est adorable ! elle mord comme un ange.

— Tout votre peuple se porte bien dans les volières, madame ?

— J'ai perdu Liza.

— Ah ! cette pauvre bête ! Liza ! qui chantait si bien et qui caressait comme un démon.

— Morte, sir Edward.

— A propos, j'ai vu vos éléphants à Madras ; ils maigrissent à vue d'œil : ils m'ont reconnu ; ils veulent revoir votre lac : l'un d'eux m'a montré de la trompe six pieds d'eau bourbeuse, et il a secoué sa tête. — Hélas ! me disait-il, voilà maintenant notre beau lac de Tinnevely ! Je leur ai promis d'écrire au gouverneur pour leur faire creuser un bassin. Vous voyez, madame, que, dans mon voyage, toutes les branches de la science ont été cultivées avec quelque succès.

— Comment donc ! mais c'est merveilleux tout ce que vous avez fait en si peu de temps ! La traduction de l'*Histoire des Malabars*, et une visite à mes éléphants !

— Et trente-trois lieues en dix heures !

— Ah! j'oubliais cela! pardon sir Edward; vous avez fait tant de choses, qu'il est permis d'en oublier une, à la table des matières. Par le serpent *Ananta*! comme disent les Indiens, je ne suis point étonnée que votre départ ait été si précipité, et votre court voyage si long. Eh! mon Dieu! vous aviez le Gange à boire!

— Non, madame, plaisanterie à part, ce petit voyage aura quelque résultat; vous verrez.

Héva, sur cette phrase, hasarda le premier éclat de rire de son veuvage. Gabriel sourit du bout des lèvres. Les convives étaient ébahis.

— Avez-vous eu quelques aventures amusantes? dit Héva revenue au sérieux.

— J'ai failli en avoir deux. La première à Bangalore; j'ai eu le projet d'enlever Lakhmi, la statue de la déesse de la beauté; j'en aurais fait don à la galerie nationale de Londres : mais sir Wales l'avait achetée et laissée sur place dans sa pagode de Bangalore, où il va la saluer deux fois par jour; fantaisie d'Anglais! J'ignorais cette circonstance, et croyant que Lakhmi appartenait au public voyageur, je l'avais descendue de son piédestal et placée sur un *garri* traîné par deux bœufs. Je me votais déjà des remerciements au nom de la science, lorsque sir Wales, qui venait faire sa première adoration à Lakhmi, m'a rencontré triomphant comme Pâris enlevant Hélène. Nous avons eu une discussion fort vive, et un duel au pistolet dans la pagode déserte de Bangalore. J'avais pour témoin la statue de Warahavataram, incarnation de Wichnou en sanglier ; le témoin de sir Wales était Matsyavataram, l'incarnation en poisson. Sir Wales a reçu une balle dans le gras de son épaule, qui est heureusement fort gras. Touché de son malheur, je lui ai replacé Lakhmi sur son piédestal ; il m'a exhibé ses titres de propriété. Je me suis excusé ; nous nous sommes quittés bons amis.

— Et votre seconde aventure, sir Klerbbs ?

— La seconde est un secret.

— Ah ! vous avez des secrets pour vos amis, sir Edward, ce n'est pas bien !

— Moi ! je n'ai point de secrets ! je suis tombé dans le secret d'un autre, voilà tout.

— Quelque belle brahmanesse, au teint d'érable, que vous avez conduite à Madras ?

— Oh ! vous serez à mille lieues de mon secret, tant que vous ne sortirez pas des brahmanesses !

— Sir Edward, dit Héva en se levant, donnez-moi le bras, et allons respirer un peu de fraîcheur sous les arbres : on étouffe dans cette salle.

On se divisa deux à deux ; Gabriel seul ne prit aucun compagnon de promenade : il voulait méditer sur ce bizarre entretien, si frivole en apparence, et qui semblait cacher au fond une intimité significative entre la belle veuve et sir Edward Klerbbs.

Héva et le jeune Anglais se promenaient d'un pas négligent, et ils avaient l'air de continuer la conversation de la table. Héva marchait avec sa gracieuse nonchalanés de créole, son bras suspendu au bras de Klérbbs, et, par intervalles, les boucles de sa chevelure superbe s'agitaient, sous un accès de gaîté triste, comme de petites vagues d'ébène sur l'ivoire velouté des épaules. Klerbbs abattait, comme Tarquin, du bout de sa cravache, la tête des fleurs agrestes qui dépassaient le niveau du gazon. Des éclats de rire mélodieux, que les femmes, dans de certaines occasions, puisent à la source des pleurs, retentissaient sous le portique sonore du *Chattiram*.

Gabriel suivait de loin tous leurs mouvements, et ses lèvres convulsives semblaient vouloir exprimer un monologue de désespoir qui mourait sur elles; devant ses yeux, tous les objets avaient changé de forme et de couleur. Le lac, d'un vert limpide, était plombé comme le Cocyte ; les arbres se déguisaient tous en cyprès ; un crêpe sombre étreignait les rayons du soleil ; la campagne prenait l'aspect d'un cimetière et l'air murmurait des plaintes confuses comme les paroles souterraines des morts !

Enfin, Gabriel éprouva la sensation de l'âme du purgatoire soudainement amnistiée, en voyant le bras d'Héva se détacher de Klerbbs. L'entretien mystérieux était sans doute épuisé. La veuve marchait vers son beau-frère Talaïperi, et Klerbbs vers Gabriel.

Avec une étourderie brusque et feinte, Klerbbs serra les mains de son ami, qui se les laissa serrer, et lui dit :

— Enfin, mon cher Gabriel, nous voilà l'un à l'autre. C'est pour vous que j'arrive, et j'ai failli voir tomber le jour sans vous parler... Eh bien ! quelle étrange figure avez-vous ?... Vos mains sont froides, avec trente-trois degrés Réaumur !.. Voyons... parlez... Pourquoi m'appeler du fond du Coromandel pour me tendre une main glacée et garder un silence de fantôme ?.

— Sir Edward, êtes-vous mon ami ? dit Gabriel d'une voix qui cherche la respiration à chaque syllabe.

— En doutez-vous ?

— J'en douterai, si vous me refusez ce que je vous demande.

— Demandez, demandez.

— Il faut que vous partiez sur-le-champ.

— Ah ! pour le coup ! laissez-moi rire un peu... C'est pour cela que vous m'avez appelé ?... Pour me congédier !... Mais songez que j'ai fait cent-vingt lieues tout d'un trait ! Êtes-vous fou, Gabriel ?

— Oui.

— Mon Dieu ! quel *oui* ! Comme vous avez dit ce *oui* ! Je voudrais prendre ce *oui* ! et l'empailler pour le donner à Talma !

— Sir Edward, voudriez-vous avoir la bonté de parler une minute sérieusement ?

— Je veux bien.

— Savez-vous que j'aime cette femme, sir Edward ? que je l'aime d'un amour effréné, comme on doit aimer dans ce pays et avec ce soleil ? d'un amour qui s'est formé de toutes les passions que le ciel de l'Inde a versées dans ce désert, et qui n'ont trouvé, depuis la création, que moi pour les recueillir et m'en incendier le cœur !

— Après, Gabriel ?

— Consentez-vous à partir maintenant, sir Edward ?

— Où voulez-vous que j'aille, Gabriel ? J'ai épuisé l'Inde... Voulez-vous me forcer à fonder une seconde ville ! Vous savez que cela porte malheur...

— Sir Edward, il y a des limites à la raillerie, entre amis ! dit Gabriel avec une dignité menaçante.

—Donnez-moi votre main, Gabriel, dit Klerbbs affectueusement ; vous me croyez votre rival, n'est-ce pas ?... Vous êtes dans l'erreur... Un jour, un jour solennel... souvenez-vous-en !...... je vous dis que je n'aimais pas Héva... C'était un de ces jours où l'on ne peut mentir... D'ailleurs, je vous connaissais à peine. Aujourd'hui, je ne l'aime pas plus qu'alors...

— Vrai ! bien vrai, Klerbbs !

— Sur mon honneur de gentilhomme, je n'ai jamais aimé cette femme !

— Les apparences sont bien trompeuses, alors !

— Comme elles le sont souvent dans les affaires de la vie, comme elles le sont toujours dans les passions.

— Et pourquoi ne l'aimez-vous pas, cette femme ?

Gabriel fit cette question par étonnement et par curiosité ; mais au fond de ces deux motifs, il y avait un sentiment étrange et inexplicable. Gabriel voyait quelque chose de vaguement injurieux pour lui et pour Héva dans cette froide indifférence de Klerbbs. On sent quelques grains d'estime dans la provision de haine que l'on porte à un rival : on lui sait gré d'abord de la préférence donnée à la femme qu'on aime, et après on le déteste cordialement.

Klerbbs recula de deux pas devant cette question de Gabriel. Celui-ci la répéta.

— Bien ! voilà maintenant qu'il va s'irriter contre moi parce que je n'aime pas son Héva ! dit Klerbbs en riant.

— Oui ! pourquoi ne pas l'aimer puisqu'elle vous aime ?

— Elle m'aime ! elle m'aime ! dit Klerbbs avec accompagnement d'éclats de rire ; où diable avez-vous découvert cela ?

— Il faut être aveugle pour ne pas le voir.

— Vous étiez aveugle quand vous l'avez vu, mon ami !

— Klerbbs, vous me trompez avec une adresse infernale ; vous avez l'esprit français et le génie anglais.

— Gabriel, ayez confiance en moi. Votre esprit français parle des femmes légèrement et à tout propos ; notre génie anglais a plus de réserve. Doit-on, parce qu'une femme est dix fois millionnaire, la ruiner dans sa réputation ? Voilà donc ce que vous exigeriez de moi ! Heureusement Héva ne peut être ruinée ni dans sa fortude, ni dans son honneur. Remarquez bien, Gabriel, mon geste, mon visage et ma voix sont sérieux... vous doutez encore ?... quelle méfiance acharnée !... Voyons, que faut-il faire pour vous mettre à votre aise et vous calmer l'esprit ?

— Il faut partir.
— Je partirai... Quand ?
— Aujourd'hui.
— C'est bientôt.... Gabriel...., si vous remettiez mon exil à demain ?
— Ce diable d'homme ! on ne sait jamais s'il parle sérieusement ou non !
— Gabriel, il faut vraiment que nous ayons été dévorés tous deux par des tigres et des *attorneys* pour que je me résigne à subir les tortures que vous me donnez depuis une heure ! Mon amitié montre une patience à toute épreuve..... Gabriel, je vous jure, foi de gentilhomme, que je partirai demain !
— C'est impossible demain !..... Si je vous revois encore une fois.... deux minutes.... votre bras au bras de cette femme... elle riante ou mélancolique, comme tantôt... vous familier, comme un homme heureux... elle, avec cette grâce d'enfer qui damnerait un ange du paradis !.. vous, avec ce visage calme qui ne désire rien... Si je vous revois ce soir à table, votre coude touchant le sien, votre pied sur la frange de sa robe ; si je vous revois à la nuit tombée, elle et vous, regardant les mêmes étoiles, foulant les mêmes gazons, cueillant les

mêmes fleurs, respirant les mêmes parfums, je sens que ma pauvre raison ne luttera pas contre mon désespoir ; je sens que mon front se brisera, et que malgré moi mes pieds emporteront ma tête jusqu'à vous deux, ma tête avec des yeux sanglants, des lèvres d'écume, des sourires de fou ! Klerbbs, sauvez-moi de cette désolation ! Partez ! partez !

Klerbbs prit les mains de Gabriel.

— Je partirai... dit-il d'une voix dont l'émotion garantissait la sincérité... je partirai, Gabriel... mais, avant de partir, je voudrais au moins savoir pourquoi je suis venu... Vous aviez sans doute un motif quand vous m'avez appelé ?... Quelque grand danger ?...

Gabriel mit ses mains sur son front comme pour recueillir ses souvenirs.

— Voulez-vous que je vous montre votre lettre ? Gabriel ?

— Ah !... je me rappelle !... oui... il y avait un danger... je le croyais, du moins...

— Je l'ai cru aussi, moi..... je suis arrivé avec ma boîte de pistolets et en costume de bataille, en habit de bal, pour ne pas être enterré comme un paria, en cas de mort. J'entre, et je vous trouve à table ! à table avec Héva ! avec Héva que je ne croyais plus revoir..... quelque jour vous saurez pourquoi... car, puisqu'il faut tout dire, lorsque je suis parti, Gabriel, c'était sans projet de retour.... je comptais ne plus vous rencontrer qu'à Paris. J'allais à Tranquebar pour une affaire qui m'occupe depuis mon arrivée dans l'Inde.

— L'*Histoire des Malabars.*

— Bah! cette histoire est un conte!... Je vais vous dire mon secret... Ce n'est pas mon habitude de dire des secrets... J'allais à Tranquebar pour me marier.

Gabriel fit un bond comme un tigre frappé au front d'une balle.

— Oui, Gabriel, poursuivit Klerbbs. J'épouse la fille du consul anglais, une jeune demoiselle charmante, avec laquelle on m'a fiancé à Londres. Je me désennuyais en courant l'Inde pour attendre la majorité nuptiale de miss Erminia, ma belle prétendue, dont je suis raisonnablement fou. Cette ancienne passion m'a sauvé d'Héva. Maintenant vous savez à peu près tout. Êtes-vous content? Non, pas encore?...Voulez-vous voir vingt lettres de mon futur beau-père, sir Douglas W..., consul à Tranquebar? Voilà mon portefeuille... lisez... Voulez-vous voir le portrait de ma femme à douze ans? une miniature de Swift? la voilà sous mon jabot de batiste, en épingle : un portrait pas plus grand qu'un *half-crown.* Voulez-vous voir miss Erminia, ma prétendue? venez à Tranquebar ; ce n'est qu'à trente lieues de Pondichéry ; vous connaîtrez une ville curieuse : les Indiens la nomment *Taraganbouri, la ville des ondes de la mer!* Voulez-vous danser à mes noces? venez le 24 juillet prochain vous signerez au contrat.

— Klerbbs, dit Gabriel profondément ému, s'il y a au

monde une amitié sainte, c'est la nôtre ; elle a été contractée dans une nuit formidable ; elle fut écrite en caractères d'étoiles dans le ciel ; elle était vieille d'un siècle le lendemain. J'ai foi dans cette amitié. Excusez mes doutes, ils sont le triste fruit d'un amour qui, dans son délire, méconnaît l'amitié... J'ai été injuste... oui... vous avez besoin de repos... vous partirez demain.

— Bien ! vous me donnez un sursis... je vois que je n'ai encore gagné que la moitié de votre confiance.

— C'est elle ! c'est elle maintenant que je crains !... une femme jeune, vive, capricieuse, passionnée, libre, maîtresse de ses actions...

— J'entends, vous redoutez une scène à la Putiphar... eh bien ! nous ne nous quitterons plus jusqu'à demain... Vraiment vous avez un visage d'agonie ; je veux vous ménager comme un convalescent ; je veux mettre du luxe dans la complaisance de mon amitié. Je ne verrai qu'avec vos yeux, je ne marcherai qu'avec vos pieds, je ne dormirai qu'avec votre sommeil. Est-ce assez ?

— Non.

— Ah ! Gabriel, vous mettez du luxe dans votre exigence.

— Mon Dieu ! est-ce ma faute à moi si je sens toujours bouillonner mon sang au souvenir des regards qu'elle vous a lancés ! au souvenir de son cri de joie qui saluait ce matin votre arrivée... Klerbbs, donnez-moi la vie, accordez-moi une dernière faveur : rompez violemment avec cette femme ; je veux que vous ayez le courage d'être son ennemi.

— Donnez-moi un plan d'attaque.

— Vous savez combien elle aime Sliga, sa jolie perruche...

— Oui... elle n'aime que cela...

— Je vais la tuer sur son perchoir...

— Pauvre bête !

— Et quand Héva désolée demandera l'auteur de ce crime, vous direz : C'est moi !

— Gabriel, c'est votre dernière exigence, n'est-ce pas ?

— Oui, Klerbbs.

— Je dirai : C'est moi !... mais, pour ne pas mentir, je vais moi-même tuer l'oiseau.

Et Klerbbs fit quelques pas résolus dans la direction de la maison ; Gabriel le retint vivement.

— Je suis content, dit-il, je tiens votre dévouement pour accompli. Laissons vivre Sliga...

— Avouez, Gabriel, que vous êtes aussi un peu jaloux de la perruche.

— Je suis jaloux de tout ; jaloux de la fleur qu'elle touche, de l'arbre qu'elle regarde, du hamac qui la berce, de l'air qui l'environne, de la brise qui joue dans ses cheveux, de l'Indri qui lutine avec elle ; jaloux de tout ce qui lui donne un sourire, une larme, un bonheur.

— Alors, mon cher Gabriel, remerciez les tigres ! Eh ! que deviendriez-vous, mon pauvre ami, si son puissant mari vivait encore ? Avec un peu de raison, Gabriel, on se console de la jalousie de l'arbre, de la fleur, de la brise, de l'oiseau ; mais un mari ! un mari !.... vous seriez mort étranglé par le désespoir !

— Mort !

— Que les tigres soient bénis !..... Maintenant, Gabriel, il faut que je vous donne le secret de mon dévouement pour vous, car ce dévouement vous paraîtrait fabuleux si vous aviez votre sang-froid. Il n'est sorte de service que je ne sois prêt à vous rendre. Si j'aimais Héva, je vous l'aurais sacrifiée ; jugez de mes dispositions à votre égard. Vous m'avez tantôt rappelé la terrible nuit qui commença notre amitié ; vous n'avez oublié qu'une chose, un cri, un seul cri d'héroïsme, un cri élancé de votre poitrine avec un accent de vérité sublime qui vibre encore dans mon cœur. Vous l'avez oublié, vous ?

— Probablement...

— C'est bien esprit français de l'oublier, c'est bien génie anglais de s'en souvenir. Toujours donc je me rappellerai cette scène de l'arbre du Lutchmi, lorsque vous vous écriâtes, les mains dans vos cheveux et les yeux étincelants de courage : — *Oh ! il faut le secourir à tout prix* !... Celui que vous vouliez secourir... c'était le mari d'Héva !

— Encore aujourd'hui, s'il vivait, j'irais le secourir dans le même danger. Il me semble que tout cela est fort naturel..... N'avez-vous pas fait la même chose, vous?

— Moi! je vous ai retenu! Je ne me sens pas assez d'héroïsme pour affronter tous les tigres du Bengale au bénéfice d'un mari indien. J'adore à genoux celui qui le fait, mais je ne l'imite pas. Or, maintenant, s'il y a un homme digne d'Héva, c'est vous; oui, vous avez gagné ce paradis.

— En attendant, je suis à l'enfer.

— Patience! mon cher damné, tout finit dans ce monde, même le malheur... Assez de lamentations aujourd'hui... notre absence sera remarquée... Rentrons, Gabriel..... Me permettez-vous, mon ami, de proposer une partie d'échecs à votre Héva?

— Non.

— Quel *non* sec! C'est l'elixir du despotisme en trois lettres..... Ah! je vois qu'il vous reste encore au cœur une ombre de défiance.... je veux l'effacer... Gabriel, vous croyez qu'Héva m'aime... vous le croyez?... Eh bien! Héva me déteste; en voici la raison : je suis le seul homme qu'elle n'a pas enchaîné à son palanquin. Elle m'a prodigué les agaceries en pure perte; elle m'a donné de ces regards qui font mourir, et j'ai vécu; elle a chanté à mes oreilles des mélodies de syrène, j'étais sourd. Si j'eusse donné dans le piége, elle aurait, le même soir, mêlé mon nom aux éclats de rire qui réjouissaient son mari. Je n'ai pas voulu donner ce plaisir à l'un et à l'autre; mais Héva, l'orgueilleuse, a regardé ma froideur étudiée comme une insulte à ses charmes toujours victorieux ; elle n'avait point d'amour à me donner, elle m'a donné de la haine. Ce matin, elle a cru que mon retour était un repentir : mon langage l'a détrompée. Enfin, elle ma retiré sa haine pour me donner son estime, là, tantôt, en tête-à-tête sous les arbres, lorsque je lui ai dit mon secret, en lui annonçant mon mariage et mon ancienne passion pour miss Erminia. Cela donnait pleine satisfaction à son amour-propre de coquette, et elle m'a quitté joyeusement avec ces mots : — Ah! sir Edward, si votre cœur eût été libre, vous m'auriez aimée ! — Adorée à genoux ! lui ai-je dit. Et vous l'avez vue courir comme une gazelle vers son beau-frère Talaïperi.

Le rayon du sourire et l'éclat de la jeunesse reparurent sur le visage de Gabriel. Les deux amis échangèrent encore quelques paroles affectueuses, et se dirigèrent vers l'habitation.

Comme ils traversaient la terrasse, un des amoureux espagnols, dont le nom avait quatre noms et trois Y, les aborda tristement et leur dit :

— Vous ne savez pas la nouvelle, messieurs ?

— Nous ne savons pas la nouvelle, répondit Klerbbs.

— La voici : les deux hommes d'affaires de madame arrivent à l'instant de Madras, et ils annoncent la décision du conseil colonial. Toute la fortune de Mounoussamy appartient au frère. Héva n'aura rien, pas même sa dot !

—Héva est ruinée! s'écria Gabriel transporté de joie. Oh! tous les bonheurs m'arrivent aujourd'hui!

— C'est un coup de politique anglaise, dit l'Espagnol, qui ne fit aucune attention au cri joyeux de Gabriel; c'est un coup de juge anglais. On a voulu assurer la plus grande fortune de l'Inde contre les caprices d'une femme, et la maintenir sur la tête d'un Indien dévoué qui sera naturalisé Anglais au premier jour. Quelle injustice! même la dot!... On dit qu'il n'y a pas eu de contrat.

— C'est sagement jugé, dit Klerbbs, j'approuve la décision.

L'Espagnol regarda Klerbbs fixement et courut annoncer la nouvelle à ses compagnons d'infortune amoureuse.

— Maintenant, dit Gabriel à Klerbbs, je suis à mon aise vis-à-vis de la belle veuve. Ma délicatesse est en bonne position. Je tremblais à l'idée qu'elle ne prît mon amour pour une spéculation d'aventurier. Ce soir même, je brusque ma déclaration. Qu'en pensez-vous?

— Oui, le moment est favorable. Si elle vous ménage un tête-à-tête, prenez l'occasion aux cheveux.

En entrant dans le vestibule, ils trouvèrent Talaïperi et les deux hommes de loi qui s'entretenaient à voix basse de l'affaire de l'héritage; Héva, nonchalamment étendue sur un divan, souleva sa tête et leur dit: —

— Messieurs, voilà une heure que vous murmurez des phrases ennuyeuses à mes oreilles. Allez dire aux juges coloniaux qu'ils sont des sots, et que tout soit fini.

Puis, s'adressant aux deux jeunes gens, elle leur dit d'un ton de gaîté charmant :

— Messieurs, félicitez-moi, je viens de perdre dix millions..... Voulez-vous les jouer aux échecs, sir Edward?

—Madame, dit Klerbbs, je ne suis pas assez riche pour faire votre partie, il vous reste votre grâce et votre beauté. Si j'étais le Pérou, je me jouerais contre ce reste de votre fortune.

— Et le Pérou perdrait! sir Edward.

— Tant mieux pour le Pérou! il serait bon à quelque chose, au moins. Je ne refuse pas de faire votre partie, madame, mais vous gagnez avec une promptitude désespérante pour moi. J'ai l'honneur de vous proposer un adversaire plus digne de vous..... mon ami Gabriel. Il a joué avec Deschapelles à Paris. et avec le brahmane Tiéki à Djàgrenat.

— Et j'ai perdu, dit Gabriel en s'avançant de quelques pas avec une vivacité déguisée en nonchalance.

— Ah! dit Héva, monsieur a joué avec Deschapelles! quel avantage vous faisait-il?

— J'en rougis, madame, il me donnait la *pièce*.

— Mon oncle, le grand-juge de Batavia, recevait de M. Deschapelles le *pion et deux traits*. Ils ont joué à Anvers. Voulez-vous bien placer vos pièces, monsieur Gabriel... vous mettez votre reine noire sur la case blanche!..... vous êtes distrait... vos pions ne sont pas en ligne... bien maintenant!..... à vous le *trait*, monsieur

Gabriel, je suis chez moi... ah! le *gambit de la reine* ! c'est du nouveau dans l'Inde...

— Mais vous n'intéressez pas la partie ? dit Klerbbs.

— Oui, c'est juste... voyons, prenons un enjeu...

— L'honneur ? dit Gabriel.

— Quelque chose de moins, dit Héva, et qui ne soit pas si cher.

— Me permettez-vous de faire votre jeu, madame? dit Klerbbs.

— Faites, sir Edward.

— Si Gabriel perd, il vous écrira un madrigal dans cette langue française que vous aimez tant; si vous perdez, vous lui donnerez votre perruche qu'il aime tant.

— Accepté ! dit Héva.

— Je vais préparer une cage pour Sliga, dit Klerbbs.

— Oh ! dit Héva, sir Edward, ne faites pas tant le fanfaron pour le compte d'autrui... *Échec au roi* !

— Déjà ! dit Klerbbs ; au quatrième coup, vous avez, madame, des prétentions au *mat*?... C'est le *coup du berger* ! il n'est pas neuf !... c'est un berger indien qui l'a inventé.

— J'ai perdu ! dit Gabriel.

— Mais c'est une surprise ! dit Héva, recommençons.

— Je ne sais pas jouer, dit Gabriel en riant ; vous le voyez.

— Alors, payez, dit Klerbbs, voici mon crayon et du papier de Chine.

Gabriel écrivit alors ce sonnet :

### A UNE BELLE VEUVE.

Partout j'ai promené ma fortune inconstante ;
J'ai franchi, du cap Horn aux glaces des Lapons,
Les mers sur les vaisseaux, les fleuves sur les ponts ;
Bien des nuits j'ai dormi sous l'arbre et sous la tente.

Polaires océans où tombent les harpons,
Blancs déserts sablonneux, solitude éclatante,
Tout m'attire et me plait, toute zone me tente ;
Dès qu'un pays lointain m'appelle, je réponds.

J'ai vu l'Américain noir et nu dans sa case ;
Cent fois, comme d'habit, j'ai changé de climat ;
J'ai bu l'eau du Niger, du Nil et du Takase.

J'allais chercher l'amour aux harems du Caucase ;
La reine de ces lieux, me fixant sur ma case,
Avec ses beaux yeux noirs m'a fait échec et mat !

— C'est charmant, monsieur Gabriel ! dit Héva en prenant le papier, laissez-moi le relire.

— Ce serait assez bon à Dromtheim, dit Klerbbs, chez l'évêque d'Islande, qui est le premier joueur d'échecs des pays froids ; mais, au cœur de l'Inde, ce n'est pas assez brûlant, mon cher Gabriel.

— Taisez-vous donc, sir Edward, dit Héva, en le frappant au visage avec une tige de réséda fleuri, vous êtes un vilain jaloux. Ces vers sont charmants ; sir Edward n'en a jamais adressé de meilleurs à miss Erminia.

— J'attends sa majorité, je respecte les mineures. On est très-médisant à Tranquebar.

— Monsieur Gabriel, dit Héva, j'allais vous offrir votre revanche aux mêmes conditions ; mais voilà mon cher beau-frère qui a son sixième secret d'aujourd'hui à me dire à l'oreille ; je comprends son signe. Peut-être veut-il me rendre mes dix millions... Je suis désolée de vous quitter, messieurs, pour dix millions.

Héva se leva et présenta sa main à Gabriel avec une grâce de jeune reine. Le jeune homme, ivre de joie, oublia qu'il avait des lèvres et baisa la main avec le front.

— N'avez-vous pas encore une main, madame ? dit Klerbbs en se baissant.

— Allez vous marier ! lui dit Héva, et elle sortit.

Le rayon qui éclairait la salle s'éteignit devant Gabriel.

Héva ne reparut plus dans cette journée. Le dîner fut triste ; elle n'y était pas. On se disait à l'oreille qu'un Indien de la campagne avait annoncé que Mirpour et Goulab, arrêtés à Calcutta, venaient d'arriver prisonniers à Madras, et que leur jugement aurait lieu dans deux jours. Cette nouvelle replongeait Héva dans de tristes souvenirs et recommençait, pour ainsi dire, son veuvage. Ce soir-là, on éleva quelques doutes sur la sincérité de la gaîté d'Héva. On joue la joie comme la douleur.

Klerbbs et Gabriel se retirèrent dans leur appartement d'assez bonne heure. Gabriel s'était emparé de Klerbbs, et, sous prétexte de causer avec lui et de fumer jusqu'à minuit, il fut son geôlier.

La nuit était sombre et orageuse. Le tonnerre grondait vers le sud. Les éclairs illuminaient le lac comme un miroir ardent. L'horizon envoyait des rugissements sourds et des échos de foudre. Les deux amis s'accoudèrent au balcon, derrière le rideau flottant de fleurs pariétaires, plongés tous deux dans ce mystérieux silence qui se fait aux demeures de l'homme quand le ciel indien parle aux déserts.

Tout-à-coup, Gabriel se rapprocha de Klerbbs avec précaution, mit ses yeux dans ses yeux et détournant la tête; puis, s'inclinant du côté du lac, il sembla lui dire :

— Regarde !

## VIII

### Une Nuit de Terreur.

Le souffle s'arrêta sur les lèvres de Gabriel. Klerbbs appuya sa tête sur la rampe du balcon, et, à travers le réseau des fleurs, il suivit la direction donnée par le signe de Gabriel.

Sur un coin des bordures ténébreuses du lac, et à la lueur rapide d'un éclair, on vit se détacher un profil humain dans un fond lumineux.

En Europe, et dans nos campagnes, presque peuplées comme les villes, une semblable apparition n'exciterait aucune défiance ; mais, sur un point reculé de la province de Madras, et à cette époque de la colonisation, la présence d'un être humain, à minuit, dans un désert, était effrayante.

L'habitation n'avait pourtant rien à redouter d'un ennemi isolé ; elle était même défendue contre les attaques des hommes et des animaux : sa seule porte roulait son bois de fer, à triple couche, sur des gonds de bronze comme la porte d'une pagode. Les légères persiennes des croisées inférieures cachaient des panneaux de métal semés de clous, comme les comptoirs des banquiers, à la cité de Londres. Ce système de fortification domestique suffisait pour décourager les Indiens marrons, et les Péons infidèles. Au reste, aux heures du milieu de la nuit, personne n'osait s'aventurer autour de l'habitation. Souvent les tigres, attirés par l'odeur des chevaux et des bœufs, venaient bondir sur les étables, et disparaissaient comme des oiseaux de proie, devant l'immobilité menaçante des portes, qui semblaient les regarder avec leurs soupiraux ronds et illuminés. Les tigres noirs, plus hardis que les autres, s'accroupissaient quelquefois, comme des sphinx, sur les marbres de la terrasse, et promenaient autour d'eux des regards tranquilles et insolents, comme si, pendant la nuit, l'univers leur appartenait. Ces monstres sont les plus effrayants que l'Asie ait inventés : ils regardent l'homme avec une attention étrange, et attachent sur sa face leurs grands yeux, dont les orbes sont d'ébène, avec un cercle de vif argent.

Klerbbs recula dans la chambre sur la pointe des pieds, ouvrit doucement sa boîte à pistolets, et revint, armé des deux mains, reprendre sa place au kiosque, après avoir éteint la lampe.

A chaque rayonnement de l'éclair, la sombre et mobile silhouette se dessinait toujours par-dessus les masses ténébreuses ; et dans ce moment, rapide comme la pensée, on pouvait même voir s'agiter des boucles de cheveux sur le front du fantôme du lac.

Klerbbs mit ses lèvres sur l'oreille de Gabriel, et lui dit, d'une voix si basse qu'elle était presque le silence :

— Un ami ne vient pas, tête nue, dans une nuit d'orage, dans une ménagerie de tigres, prendre cette position au bord du lac.

— C'est juste ! dit Gabriel sur le même ton.

— Donc, c'est un ennemi, dit Klerbbs... il y a cinquante pas à peu près d'ici au lac... Qu'en pensez-vous ?

— A peu près.

— Je vais les mesurer avec une balle.

— Attendez, Klerbbs... j'entends du bruit dans l'allée de la ferme... les feuilles sèches remuent... C'est ce pauvre Courà qui a peur de l'orage, et vient demander asile !... Ce chien est intelligent ; il a flairé quelque chose dans l'air... il s'arrête... il allonge son museau vers le lac... il se rapetisse, et marche à plat ventre du côté de l'apparition.

Klerbbs, le pistolet tendu, pressa la détente au premier éclair. Le coup de feu retentit comme un éclat de tonnerre dans cette solitude aux mille échos, puis un silence de mort retomba sur les rives du lac.

— Voilà un horrible mystère, dit Gabriel ; Courà n'a pas aboyé.

— Oh ! dit Klerbbs, maintenant que le fantôme est

tué, descendons et allons le classer. Je n'ai jamais vu de fantôme indien.

— Comment savez-vous qu'il est tué? dit Gabriel.

— Eh! n'ai-je pas tiré sur lui?

— Oui.

— Eh bien! il est mort.

— Et ce chien! ce chien qui n'a pas aboyé, qui s'est avancé vers l'apparition et qui ne revient pas... Çourà! Çourà! Çourà!...

— Je vais l'appeler, moi, vous allez le voir accourir..... il faut prendre la voix du bronze enrhumé.... Çourà! Çourà! Çourà!..... il y a là-bas un écho qui ne dort pas, et qui m'imite parfaitement... Çourà... Çourà! Oh! je suis têtu comme un Anglais! je veux que Çourà vienne! Quel diable de nom ces Indous donnent à leurs chiens!... Descendons... Avant, je vais recharger mon pistolet. Prenez vos armes aussi, Gabriel. Je vous remercie de m'avoir rappelé de Tranquebar... j'adore ces aventures! voilà la vie! Comprenez-vous les gens qui croient qu'on ne peut exister que sur un monceau de boue détrempé à la pluie, qu'on appelle une capitale du nord de l'Europe?... Descendons.

— Klerbbs! Klerbbs! dit Gabriel, qui n'avait pas quitté le kiosque; mon ami, nous avons fait une sottise, nous nous sommes oubliés; j'entends du bruit dans les chambres. Votre imprudent coup de pistolet a réveillé tout le monde!

— Eh bien! ils se rendormiront.

En effet, des bruits de pas et des grincements de croisées se faisaient entendre sur la façade opposée au lac. Gabriel montrait du doigt à Klerbbs la mobile clarté des lampes rallumées qui se reflétait sur les coupoles noires de la forêt voisine.

— Au nom de Dieu! dit Gabriel, n'effrayons pas Héva! elle partirait pour Madras, et adieu mes amours!

— Je me charge de lui faire un conte. Vous, ne parlez pas; vous gâtez tout avec vos distractions d'écolier amoureux.

— Chut! dit Gabriel, on frappe à la porte de notre chambre.

— Ouvrons, dit Klerbbs tranquillement.

La porte ouverte, Talaïperi entra. Son visage était d'une pâleur horrible, malgré sa teinte bronzée; il avait dans la voix une telle émotion, que les deux amis ne comprirent pas d'abord ce qu'il venait leur dire. Ce ne fut qu'à la seconde explication que Gabriel devina que la belle veuve les invitait à descendre chez elle, à l'étage inférieur.

Klerbbs et Gabriel obéirent avec empressement. Ils franchirent l'escalier d'un bond, et on les introduisit dans une magnifique chambre, où jamais les pas d'un homme n'avaient pénétré depuis la veille de la chasse aux tigres.

Héva était assise sur un lit de repos, dans un négligé adorable; elle avait revêtu, à la hâte, le *sari* des grandes dames indiennes, et noué à son col un châle chinois, peint et léger comme des ailes de papillon. Ses pieds jouaient dans le velours de la sandale des odalisques ; et les boucles de ses cheveux, ramenés confusément en arrière par des nœuds de crêpe et de rubans, laissaient dans un découvert admirable les tempes et le front. Une large et vive flamme, hérissée comme une boucle de chevelure d'or sur la coquille d'un candélabre, éclairait le milieu de la salle et laissait dans une ombre douce et mystérieuse les tentures, les meubles, les ornements. On ne distinguait que deux tableaux de couleur brillante et pailletée, brodés plutôt que peints par des artistes indiens : l'un représentait la Houri céleste, montée sur un chameau fantastique, qui avait des visages de femme à chaque genou ; l'autre représentait le *Souria*, le soleil et son conducteur *Arouna*, dirigeant le char lumineux que traînait un cheval à sept têtes. Un parfum suave comme celui que Ceylan envoie au Coromandel, le soir, quand il ouvre l'écrin de ses coquillages, un parfum de gynécée indien, semblait s'exhaler de l'alcôve et embaumait le temple d'Héva.

En entrant, Gabriel et Klerbbs furent tentés de s'agenouiller. Héva les ramena promptement à des idées terrestres, en leur disant d'un ton aigre-doux :

— Eh bien ! messieurs, vous prenez minuit pour midi ! Que se passe-t-il donc chez moi ? Faut-il rire ? faut-il s'alarmer ?

— Ni l'un ni l'autre, madame, dit Klerbbs. J'ai tué un tigre sur les bords du lac.

Héva fit un mouvement de tête convulsif.

— Un tigre ! dit-elle. Ces monstres nous en veulent bien ! Il y avait longtemps qu'ils avaient oublié le chemin de ma maison.... Ces diables d'animaux comprennent que mon pauvre Samy n'est plus là pour leur ajuster une balle entre les yeux...

Deux larmes brillèrent sur les joues d'Héva ; Gabriel les sentit couler dans sa poitrine comme les laves du volcan de la jalousie.

— Madame, dit Klerbbs, je m'offre de grand cœur à remplacer votre mari... pour les tigres...

— Sir Edward, dit Héva d'un ton sec non soupçonné jusqu'à ce moment ; sir Edward, il y a des heures sérieuses et des souvenirs qu'il faut respecter !

Klerbbs s'inclina devant la belle veuve, et protesta de son dévouement et de son affection en termes énergiques et graves.

— Quelle horrible nuit ! dit Héva. Mon Dieu ! pourquoi n'ai-je pas la force de m'arracher à cette maison !... C'est qu'il y a partout ici, partout... des souvenirs de lui !... Pauvre Samy !.... Sir Edward, vous avez été bien étourdi, bien léger..... A minuit, un coup de feu !... et sur un tigre !... devant ma maison !...

— J'ai cru, madame, qu'on devait tuer un de vos ennemis à toute heure et partout.

— Savez-vous bien, sir Edward, que chaque nuit, à la même heure, mon sommeil se débat contre un rêve effroyable, un rêve infernal !...C'est un val désert, plein de rugissements et de bruits de cataractes ; c'est un fleuve ensanglanté qui roule des lambeaux d'étoffes d'or et des ossements rongés ; c'est un horrible festin, où le plus puissant des hommes dévore la chair des tigres, où les tigres dévorent ma chair. Et des cris prodigieux, comme des cavernes les pousseraient, tonnent dans les solitudes ! et j'entends le râle d'agonie d'un géant écrasé sous un roc ! et je me réveille en sursaut, dans des étreintes de bras d'airain, et de larges griffes d'acier, avec des parfums de chair morte à mon chevet, et des souffles rauques à mes oreilles !.... Voilà mes nuits..... Pardonnez-moi la gaîté fausse de mes jours.

Gabriel et Klerbbs, posés en statues, contemplaient Héva et gardaient un silence plein de pensées étranges. Héva tenait ses grands yeux ouverts et fixes, les bras étendus jusqu'aux genoux, le sein haletant, les lèvres convulsives, comme si elle revoyait encore le songe de ses nuits en se réveillant. Elle parut faire un effort sur elle-même, et se tournant vers les jeunes gens, elle dit :

— Mon beau-frère n'est pas entré avec vous, messieurs ?

— Non, madame, répondit Klerbbs.

— Ce bon Talaïperi, il a cru que sa présence me generait. J'ai l'amour-propre de déguiser mes chagrins devant lui.... je ne sais pourquoi... Sir Edward, ouvrez une croisée, l'air me manque... L'aube tardera-t-elle à poindre ?

— La nuit est toujours bien noire, madame..... toujours l'orage, sans pluie.

— Oh! oui, je le sens, cet orage... Un ciel lourd!... Il me semble que des nuages plombés passent sur mon front... Vous ne voyez rien au bord du lac?

— Rien que des éclairs ; dans le lointain, des losanges de feu.

— Sir Edward, avez-vous entendu aboyer Çourà quand vous avez tiré le tigre?

— Non, madame.

— Non!..... c'est singulier!..... il sent le tigre d'une lieue..... Je ne l'ai pas entendu non plus, mon beau chien.

— Il passe la nuit à la ferme peut-être...

— Sir Edward, dites à l'antichambre qu'on aille me chercher Çourà.

— Oui, madame.

— Monsieur Gabriel, vous êtes bien taciturne.

— Eh ! madame, je suis resté dans votre rêve.

— C'est que vous avez figuré noblement dans la réalité ! vous avez assisté à cette horrible scène du désert ! vous n'avez pas suivi les assassins et les lâches ! et, ce qui est encore mieux, vous ne vous êtes vanté de rien, comme votre ami, ce noble Anglais, qui est plus sérieux qu'il n'en a l'air. Je le connais.

— Nous n'avons fait que notre devoir, madame.

— Le devoir est une chose facile que personne ne fait.

— Madame, dit Klerbbs en rentrant, votre chien n'est pas à la maison ; Shéti, son gardien, ne l'a pas vu depuis hier au soir.

— Shéti est un négligent qui m'a déjà perdu deux chiens. Je suis...

— Voulez-vous, madame, que j'aille voir à la ferme ?

— Oh ! sir Edward ! à cette heure !... Si quelqu'un de ces monstres rôde encore par là...

— Je le tuerai, madame, et je mettrai sa fourrure aux pieds de votre lit.

— Ce pauvre Courâ... Oh ! il n'est pas chien à se laisser avaler par un tigre !... Sir Edward, je suis désespérée de vous dire que je consens ; mais je veux que vous soyez accompagné de votre ami.

A ce dernier mot, Klerbbs et Gabriel avaient déjà disparu.

Ils ouvrirent avec précaution la porte de la terrasse et la refermèrent derrière eux. Quand ils furent seuls sous les grands arbres de la ferme, Klerbbs s'arrêta, et croisant sur sa poitrine ses deux bras armés de pistolets, il dit :

— Mon cher Gabriel, il faut que je te parle un instant sans rien dire ; je ne sais par où commencer. Regardons-nous.

Après une longue pause, Klerbbs dit :

— Résumons cette conversation muette. Héva est une femme inexplicable ; c'est un fruit de l'Inde. Il est inutile d'aller chercher son chien à la ferme, il n'y est pas.

j'ai saisi la première occasion de m'échapper. J'aime mieux un tête-à-tête avec le tigre qui a dévoré le mari qu'avec la femme qui le pleure : c'est moins dangereux... Enfin, pour finir mon résumé, allons voir le gibier que j'ai abattu vers le lac ; homme ou tigre, nous l'enterrerons dans quelque grotte pour ne pas effrayer Héva.

— Un moment, dit Gabriel ; nous sommes censés aller à la ferme, et nous avons du temps... Klerbbs, cette femme aimait son mari !

— Je le crois, Gabriel.

— Et quel mari ! un vieux Indien de trente-cinq ans, laid comme une statue de pagode...

— C'est peut-être nous qui sommes laids !

— Allons donc, Klerbbs, c'est impossible ! Elle joue un jeu indien antérieur aux échecs, un jeu que nous ne connaissons pas ; elle vise à partager l'héritage du mort.

— Non, Gabriel, tu la calomnies. Elle aimait son mari ; je m'en doutais du vivant du nabab, maintenant je ne doute plus. Mais que t'importe cela ? Le monde est plein de jeunes veuves qui ont aimé plusieurs maris ; au contraire, l'amour qu'une femme a donné au premier garantit celui qu'elle donnera au second. Je voudrais bien que ma future Erminia fût une veuve de cette espèce. Hélas ! elle a quinze ans !

— Oh ! il est impossible de parler raison avec vous Klerbbs.

— Venez, venez, grand sage ! Allons au lac, Héva nous attend.

Les deux amis arrivèrent bientôt à ces ténébreux massifs de verdure où, deux fois, une tête humaine s'était levée dans la nuit. Ils remarquèrent une large trouée que le chien avait faite violemment pour passer de l'autre côté. Passant eux-mêmes par la même brèche, ils touchèrent bientôt le sol qui gardait encore les vestiges de l'apparition. De larges traces de pieds humains se reconnaissaient sur le gazon, courbé à des intervalles de pas gigantesques. Klerbbs et Gabriel fouillèrent la haie naturelle du lac, les labyrinthes de verdure, les gerbes touffues de bambous, les écheveaux des lianes, les grottes couronnées de mousses éplorées : ils ne trouvèrent aucun cadavre. De temps en temps Klerbbs disait :

— Je suis sûr de mon coup ; je ne crois pas aux fantômes ; ils n'existent pas dans l'Inde. J'ai tué une chose qui vivait. Il me faut un cadavre ! ce lac me doit un cadavre ; il me le donnera demain.

Après une heure de recherches inutiles, Gabriel entraîna Klerbbs à l'habitation. La porte s'ouvrit au premier coup frappé. Héva vint recevoir les jeunes gens à la porte de sa chambre, et les fit asseoir sur un divan. Klerbbs prit la parole.

— Madame, dit-il, nous avons cherché Courà dans tous les environs ; nous l'avons appelé à fatiguer les échos... ce pauvre chien !...

Héva poussa un cri terrible, et se dressa convulsivement, comme si un serpent l'eût piquée au pied.

Les jeunes gens se levèrent aussi; Gabriel, pâle comme un agonissant; Klerbbs, avec la nonchalance d'un stoïcien, prêt à tout.

Il n'y a pas d'acier mieux aiguisé que le cri d'une femme dans une nuit de terreur.

Héva montrait du doigt de larges et fraîches gouttes le sang sur les habits blancs de Klerbbs et de Gabriel; elle fit un effort et s'écria :

— C'est du sang humain! horreur!... Qui avez-vous assassiné ?

Les jeunes gens, sortant des ténèbres de la nuit, et éblouis par l'éclat de la lampe, n'avaient pu remarquer encore ces horribles taches. Au cri d'Héva, Talaïperi entra et s'écria avec un accent de désespoir incompréhensible :

— D'où vient ce sang? d'où vient-il? dites !

Klerbbs imperturbable, répondit :

— Je crois deviner : c'est bien simple. J'ai tiré le tigre, je l'ai blessé; nous l'avons cherché, le croyant mort, et nous avons ramassé dans les broussailles le sang de l'animal blessé.

Gabriel répétait automatiquement avec le geste chaque mot de Klerbbs.

Une éclaircie de satisfaction parut sur le visage de Talaïperi. Héva s'était assise, et elle semblait rassurée par le ton calme et naturel de Klerbbs.

— Oh ! c'est horrible ! dit-elle, je crois retomber dans ce songe fatal de toutes mes nuits !... Il se passe en moi quelque chose d'affreux et d'inexplicable... j'ai peur !... Ôtez ce sang de mes yeux !

Klerbbs et Gabriel se retirèrent pour rentrer dans leur appartement.

Quand ils se furent revêtus d'autres habits, ils envoyèrent un domestique prendre les ordres de madame.

Talaïperi monta lui-même et leur dit :

— Voici le jour, on voit clair dans la campagne ; nous allons accompagner madame aux rives du lac... il n'y a plus de danger à présent.

— Ne quittons pas nos armes cependant, Gabriel, dit Klerbbs ; le soleil n'est pas levé.

Ils trouvèrent Héva dans le vestibule. Elle secoua la tête et dit :

— Enfin elle est finie cette horrible nuit !

Talaïperi marchait le premier, Klerbbs donnait le bras à Héva, Gabriel fermait la marche.

— Oui ! c'est un tigre ! s'écria Talaïperi en bondissant comme un écolier.

Klerbbs rejeta brutalement Héva en arrière pour la recouvrir de son corps, et il arma ses pistolets. Gabriel fit un saut comme une arche de pont, et tomba à côté de son ami. Talaïperi poussa un éclat de rire en voyant cette fausse alerte qu'il avait excitée sans le vouloir ; et montrant la trouée profonde que le chien avait faite dans le massif de verdure, il dit :

— Voyez, le tigre a passé par là ; en nous courbant un peu, nous passerons comme lui ; et tout près d'ici nous trouverons les traces de sang de l'animal que sir Edward a blessé.

En effet, sur une assez longue étendue de terrain, la verdure gardait des vestiges, incontestables en apparence, et qui prouvaient que Klerbbs avait dit la vérité. Héva serra les mains des deux jeunes gens, et reprit avec eux le sentier de l'habitation.

— Oui, disait-elle, je resterai dans cette maison, malgré toutes les angoisses auxquelles je m'expose. Ailleurs, je le sens, je mourrais d'ennui.

— Madame, dit Gabriel, nous ferons bonne garde.

— Mais, dit Héva en souriant, est-ce que vous restez ici éternellement ?

— Si vous l'exigez, madame, dit Klerbbs, nous y resterons davantage.

— Toujours le même, sir Edward !... Et ce pauvre Çourâ ! qu'est-il devenu ?... Çourâ ! Çourâ !... oh ! Çourâ est perdu sans retour !... Ce bon chien aimait tant mon mari !... Ces infâmes tigres ne nous laisseront pas en repos un jour !...

— Il faut demander un régiment de cipayes à lord Cornwallis, dit Klerbbs, et ravager tous les clubs de tigres, la baïonnette au bout du fusil.

— Messieurs, dit Héva avec un accent de haine que

la soif de la vengeance inspirerait contre des hommes et non contre des animaux, messieurs, si j'avais encore ma fortune, j'en donnerais de grand cœur la moitié à celui qui m'apporterait douze tigres tués dans une nuit.

— Mais lord Cornwallis, dit Klerbbs, vous prêtera volontiers...

— Non, je ne voudrais pas employer une armée... ce serait leur faire trop d'honneur ; je voudrais qu'un homme seul fît cela pour moi, en prononçant mon nom, et qu'il me les apportât pour les fouler aux pieds, tous humiliés, cousus l'un à l'autre, douze tigres orgueilleux, déguisés en tapis. Je serais heureuse et triomphante de penser qu'il y en a un dans le nombre qui était à la chasse du Lutchmi, et que j'écrase sa tête sous ma sandale de femme, à chaque pas, à toute heure du jour.

— Oui, je comprends cela, madame, dit Klerbbs ; c'est bien anglais.

— Vous donneriez la moitié de votre fortune, dit Gabriel ; c'est encourageant.

— Si je l'avais encore, dit Héva.

— Il vous reste l'enjeu que sir Edward mettait à côté du Pérou, hier, à la partie d'échecs.

— Oui, dit Héva, je sens, moi qui ne veux aimer personne, je sens qu'à une époque indéterminée je pourrais donner mon affection à l'intrépide exécuteur de mes volontés. J'ai mon caractère à moi ; j'ai des idées qui m'appartiennent ; je ne sais pas comment on vit en

Europe; je ne connais que les usages de ma nature. Oui, si un homme m'obéissait à ce point, je jure que je le prendrais pour mari... Mais, ajouta-t-elle en souriant, je demande une chose impossible... c'est un caprice de vengeance!... Je suis folle en disant cela! Excusez-moi.

— Madame, dit Gabriel avec une voix tremblante, vous avez eu une nuit bien agitée. Suivez un conseil que tous vos amis vous donneraient. Allez prendre un peu de repos. Les heures matinales apportent avec elles un sommeil bien doux.

— Le conseil est bon, et je vous le donne aussi, à vous et à sir Edward. Adieu, messieurs; nous nous reverrons à déjeuner.

Lorsque les deux amis se trouvèrent seuls, Gabriel dit à Klerbbs :

— Mon cher, séparons-nous pour quelques heures; j'expire d'insomnie. A mon réveil, je t'annonce que je serai fou.

---

## IX

### Douze Tigres pour une Femme.

— Mon ami, dit Klerbbs à l'oreille de Gabriel encore endormi, tout le monde est debout depuis une heure dans la maison. Ouvrez les yeux. J'ai mon journal du matin à vous lire : il est intéressant.

Le jeune homme dormait de ce sommeil léger qu'interrompt la chute d'un atome. Il ouvrit soudainement ses yeux pour voir et ses oreilles pour écouter.

— Vous m'avez promis d'être fou à votre réveil, dit Klerbbs; je viens m'assurer d'abord si vous tenez votre parole... Vous êtes fou, très-bien ! Maintenant je vous annoncerai que j'ai rencontré ce matin, il y a quatre heures, le brahmane Syali.

— Quel brahmane ?

— Vous n'êtes pas encore bien réveillé... Comment ! vous avez oublié le brahmane qui nous endormit un soir avec les dix incarnations de Wichnou, et qui demeure de l'autre côté de cette montagne, notre voisin ?

— Ah ! ce misérable qui a déposé contre nous dans le procès ?

— Lui-même. Il est tombé dans le chemin de l'habitation, celui qui mène à Madras, au moment où je fumais mon *chirout* en me promenant. Il voulait m'éviter; mais je me suis posé en dieu Terme sur la ligne de son cheval. Je lui ai demandé s'il allait faire quelque déposition à Madras, pour donner d'autres Européens au bourreau. Le pauvre homme, tremblant de peur comme un brahmane lettré, m'a dit qu'il allait chercher le docteur Phytian, le premier médecin de Madras, un dévoué philanthrope qui fait des visites dans la campagne à quinze livres d'honoraires par mille. Il n'y a qu'un millionnaire qui puisse se faire guérir par le docteur Phytian. Ensuite j'ai vu que le peureux brahmane éprouvait un vif regret de m'avoir dit cela, et il m'a fait promettre de n'en parler à personne. Je le lui ai promis : aussi je n'en parlerai qu'à vous, parce que vous êtes moi. Il faut tenir ses promesses, même avec les brahmanes. Gabriel, que dites-vous de ma découverte ?

— Je dis qu'il y a un malade à la cabane de Syali...

— Un millionnaire dans une cabane !

— Oui, Edward ; cela paraît suspect...

— Gabriel, cela est clair : la chose que j'ai blessée la nuit derrière d'un coup de pistolet...

— Est un millionnaire !

— Vous y êtes, Gabriel.

— Un millionnaire qui bravait les tonnerres, les ténèbres, les tigres...

— Et moi !... c'est incroyable ! Mais nous ne sommes pas au bout. Écoutez la fin, Gabriel... En quittant le brahmane, j'ai suivi le petit chemin qui traverse la montagne, et je me suis avancé de l'autre côté, assez près de la maison de Syali, pour examiner la physionomie des lieux. Je ne me suis permis qu'un espionnage décent. Savez-vous qui j'ai vu tranquillement assis devant la porte de la cabane ?... devinez ! Çourâ ! Çourâ ! notre chien de garde !... Ce chien indien, ne voyant plus aucun de ses compatriotes à l'habitation du Lac, aurait-il donné sa démission et passé au brahmane ?... Le malade est-il un des amis de Çourâ ?... Le brahmane a-t-il le secret de charmer les chiens comme les sepents ?... A toutes ces questions que je me suis posées, je n'ai pu me répondre rien de satisfaisant. Mais ce chien m'a bien étonné !... Si Goulab et Mirpour n'avaient pas été arrêtés, ainsi qu'on nous l'a dit, je croirais que ma balle a touché un de ces coquins, et que le chien, qui ignore leur histoire, a suivi, par attachement national, un indien blessé. Quoi qu'il en soit, croyez bien qu'il y a un mystère compliqué au fond d'une découverte si simple.

— Oui, sir Edward, je pense comme vous ; mais suivons notre principe ; ne disons rien à Héva ! rien à Héva ! gardons les mystères pour nous.

— Bien entendu, Gabriel.

— La nuit dernière doit l'avoir singulièrement agitée. L'avez-vous vue, ce matin ?

— Un seul instant... à son balcon... Elle avait sur son visage une pâleur adorable; je l'ai saluée, et je lui ai montré une lettre que je recevais de Tranquebar... Mon futur beau-père est furieux contre moi. Ces consuls ont une existence mathématique ! Ce beau-père voudrait que j'attendisse l'heure de l'hyménée, comme il dit, aux pieds de sa fille ! Il m'annonce que Tranquebar jase beaucoup sur mon compte, à propos d'une belle veuve, et que mon honneur doit me conseiller de mettre fin aux commérages de Tranquebar; il se plaint surtout des méchancetés de la société danoise. Les consuls s'ennuient à la mort dans leurs résidences, et ils s'accrochent à tout ce qui peut les secouer un instant. Nous avons des affaires plus sérieuses ici, n'est-ce pas, Gabriel ? Voyons, parlons de vous, maintenant : je m'aperçois que votre tour de parler est venu. Parlez.

— Il me faut douze tigres à tout prix, sir Edward.

— Ah ! vous voici à l'article de folie ! douze tigres, je sais, pour Héva : une brochette de tigres. C'est embarrassant.

— C'est même impossible, mais il faut les trouver.

— Il nous faut douze mille francs ; les avez-vous, Gabriel ?

— Pas du tout, il ne faut pas acheter douze tigres ; il faut que je les tue, moi, en plein champ, et que je vienne les déposer, comme un tapis de Perse en douze compartiments, aux pieds d'Héva.

— Douze tigres! quel cadeau de noces!... Au reste, ce sont les mœurs du pays. A Paris, on vous demanderait un épagneul, une perruche, un serin. Ici la fantaisie a d'autres prétentions. Fausta, la maîtresse de l'empereur Gallus, fut plus exigeante qu'Héva : elle échangeait une caresse contre un lion. Au bout de six mois, le préfet d'Afrique épuisa l'Atlas et Barca. Si cette intrigue impériale eût duré six ans, les lions passaient à l'état de sphinx; il n'y en avait plus... Revenons à nos moutons, quel est votre plan de coup de filet pour ces douze tigres ?

— Ce n'est pas sur moi que je compte ; c'est sur vous, sir Edward. Vous êtes du peuple qui invente, inventez ; vous êtes Anglais, c'est votre métier. Il me faut un piége à tigres; une grande souricière pour des chats géants. Je vous mets sur la voie ; mais il me la faut tout de suite, mon bon Klerbbs. Je suis arrivé à la furie de l'amour; la dernière nuit m'a brûlé vif. Quelle femme! Si elle me demandait le monde, je m'embarquerais pour le lui rapporter, en mille voyages, par livraisons. Douze tigres, ce n'est rien.

— D'accord ; mais encore ce rien est difficile à cueillir... Ah! si mon oncle, sir Edmund, était ici! quel ingénieur !

— Et où est-il votre sir Edmund ?

— A Manchester. Il a inventé le *silk-embroidery* et le...

— Mais s'il est à Manchester, que m'importe tout ce qu'il a inventé ! je ne compte que sur son neveu, sir Edward.

— Voulez-vous, Gabriel, que je lui écrive pour m'inventer une souricière de tigres ?

— Allons donc, prenez pitié de moi, et ne plaisantez pas. Est-ce ma faute, si dans cette vie il y a toujours un côté risible près des choses sérieuses ? Est-ce ma faute si je suis amoureux d'une femme indienne qui a perdu son mari bien-aimé dans douze gueules de tigres? Il faut subir ma destinée, et ne pas rire de mon étrange position.

— Gabriel, je crois avoir trouvé votre... Attendez... Laissez-moi faire mon plan au crayon... Ah! si mon cher oncle sir Edmund... Un moment, un moment... vous aurez vos tigres... douze, et le treizième par dessus le marché, si vous le voulez... Oui, c'est cela... Je suis le digne neveu de sir Edmund ; je n'ai pas dégénéré... Voilà une invention qui sera brévetée pour la sûreté du chasseur. *Patent safety...* voyez, Gabriel... c'est tout simplement l'inverse de la ménagerie : ce sera l'homme qui sera en cage, et le tigre viendra le regarder. Une bonne cage de fer de six pieds de haut, armée en dehors de baïonnettes comme un hérisson, douze pieds de circonférence pour la consolider sur la base. Je connais à Madras un ouvrier chinois, qui vous bâclera cette cage en six jours. Il a des tiges de fer en nombre, et toutes prêtes pour les kiosques métalliques, fort à la mode à Tchoultry. Vous faites porter votre cage sur un chariot vulgaire, de l'autre côté du lac, en plein désert, à dix-neuf milles de l'habitation d'Héva, pendant le jour. Vous l'assujétissez fortement sur sa base. Je serai avec vous, et je vous aiderai. Nous amènerons des bœufs, qui seront liés par de bonnes cordes à des troncs d'arbres, touchant à la cage. Au tomber de la nuit, vous abattrez avec deux balles ces bœufs. L'odeur du sang et les mugissements d'agonie de ces animaux attireront, à coup sûr, plus de tigres que n'en demande Héva. Vous aurez un arsenal de fusils, et vous choisirez les plus beaux tigres. N'oubliez pas les noirs. Certes, il faut vous attendre à un concert formidable qui déchirera vos oreilles, à de terribles assauts, à des scènes inouïes: mais je ferai donner à votre cage des soins si minutieux, que vous pourrez dire aux tigres, en montrant la pointe de vos baïonnettes : Vous n'irez pas plus loin !.. Je vais vous esquisser un dessin représentant cette chasse; vous copierez en action mon dessin.

— Sir Edward, dit Gabriel, les yeux fixés sur le plan crayonné par son ami, je ne sais si vous parlez sérieusement; mais je crois que votre idée mérite d'être prise en considération. Vraiment, je ne vois pas de graves objections à faire à ce plan. Par malheur, vous ne pouvez pas me seconder. Il faut que je jure sur l'honneur devant Héva que j'ai tué, seul, mes douze tigres... seul !

— Eh bien ! vous serez seul. Je vous aiderai dans les préparatifs, et avant le coucher du soleil je rentrerai à l'habitation. Si Héva me demande de vos nouvelles, je lui dirai que vous serez occupé toute la nuit à tuer des tigres, et qu'elle ne s'inquiète pas pour si peu de chose. Le lendemain j'irai, sans doute par ses ordres, vous rejoindre et vous aider à transporter ici votre gibier. Si Héva vous donne seulement un sourire par tigre, vous serez payé.

— Je l'épouserai ! Klerbbs ! je l'épouserai ! quelle femme résisterait à une telle preuve d'amour ? J'épouserai Héva ! Toutes les félicités du ciel et de la terre sont dans ces deux mots !... Klerbbs ! ma pensée vient de me tomber sur le front comme un coup de tonnerre !... Savez-vous qu'il me faut beaucoup d'argent pour ma chasse en cage ?...

— Tranquillisez-vous. C'est prévu déjà. Je vais à Madras. Je verrai lord Cornwallis, et je lui rappellerai qu'il nous a promis de nous rendre tout service que nous lui demanderons. Or, je le prierai de me donner un ordre pour faire confectionner aux frais du gouvernement, dans quarante-huit heures, une machine scientifique, dont le plan a été envoyé par la Société royale de Londres, et qui est destinée à l'exploitation agricole des landes de Tchoultry. Je demanderai de plus un faisceau de fusils et deux bœufs, sous le prétexte de fonder une colonie devant la cataracte d'Élora. Lord Cornwallis sera enchanté de s'acquitter d'une dette à si bon marché.

— Sir Edward, vous êtes adorable !

— Ne m'adorez pas encore ; attendez la réussite.

— Je réussirai, mon ami, c'est infaillible. Voilà justement comme on arrive aux grands résultats !..... en tâtonnant sur une voie de plaisanteries ! Une bagatelle souvent est la porte de toute idée sublime. Christophe Colomb, à table, cherchait un plat favori, caché derrière une jatte de lait ; ses convives nièrent l'existence du plat ; il retira la jatte et le leur montra. Cela le fit tomber en rêverie. Quelques années après, il découvrait l'Amérique derrière l'Océan. Klerbbs, je suis exigeant ; il faut partir pour Madras.

— Dans une heure.

— Mon cher Edward, que de peines je vous donne pour le caprice d'une femme ! Nous sommes de bien grands fous, vraiment ! Une femme a une fantaisie, elle trouvera cent amoureux pour aller lui ramasser son idée folle à mille lieues et la lui rapporter ! Je pense à un amoureux, dont j'ai oublié le nom, qui était plus infortuné que moi ; celui-là me console : il aimait une Héva qui lui demandait chaque jour quelque chose d'extravagant. Un soir elle se mit à regarder une étoile avec des yeux de convoitise. L'amoureux se vit perdu, et il ne se sauva qu'avec ce quatrain :

La nuit, quand sous un ciel sans voile,
L'heure d'amour vient à sonner,
Ne regardez pas cette étoile,
Je ne puis pas vous la donner.

— Ah! je conviens, Gabriel, qu'Héva est plus raisonnable. Aussi, nous la contenterons. Mais il ne faut jamais qu'elle sache le procédé ingénieux que nous avons employé.

— Jamais! jamais!

— Il faut que rien, dans son idée, ne rapetisse la grandeur et le péril du dévouement, afin que vous en recueilliez tout le bénéfice.

— C'est cela!

— Tout est donc bien arrêté, Gabriel?

— Tout, Edward. Je crains que ce Chinois qui fait des kiosques de fer ne soit parti.

— Un Chinois partir! dans cinquante ans je le trouverais encore, empaillé au *Tchina-Bazar*, sous son parasol.

— Et lord Cornwallis, si...

— Gabriel, point de *si* de doute avec un Anglais!

— Pardon, sir Edward... C'est que ma vie est entre vos mains...

— Je vous la rendrai. Comptez sur moi.

Il y eut encore quelques paroles insignifiantes échangées entre les amis; puis sir Edward fit ses préparatifs de départ.

On trouva facilement un prétexte pour justifier l'absence de Klerbbs. Il allait passer plusieurs jours à Madras, disait Gabriel, pour les affaires de son mariage.

—Tant mieux ! avait dit Héva, ce jeune homme, monsieur Gabriel, vous rendra léger comme lui. Nous causerons au moins dix jours de choses sérieuses... Vous saurez que personne ne m'a encore apporté mes douze tigres.

—Ah ! madame, avait répondu Gabriel, on est bien peu galant dans l'Inde. Moi-même...

—Taisez-vous, enfant ! Voyez comme il prend un air sérieux en disant cela? je vous défends de faire une sottise ; c'est que je vous connais. Je vous défends d'être fou.

En disant cette phrase, Héva regardait Gabriel avec ce sourire provocateur qui annonce chez une femme quelque vague intention de nouer une intrigue, par amour ou par ennui.

Gabriel se tenait dans une extrême réserve, comme un homme qui, voulant débuter par un coup d'éclat, ne veut pas compromettre son plan et son avenir avec des galanteries banales dont se sert le genre humain des amoureux.

Ainsi, les entretiens de Gabriel et d'Héva ne se renouvelèrent, pendant deux jours, qu'à de rares intervalles, et ils ne furent remarquables que par leur brièveté.

Vers la fin du deuxième jour, Gabriel reçut deux lettres de Madras, une de ces lettres était confidentielle ; mais il lui était recommandé de montrer l'autre, qui expliquait sa promenade à Madras. Voici ces deux lettres :

« Madras, juillet 18..

» Mon cher Gabriel,

» Lord Cornwallis a été parfait. Je lui ai expliqué mes
» plans d'agriculteur et de colonisateur d'un air grave
» que j'avais emprunté à un savant de mes amis, et
» que je lui ai rendu en sortant; cette dette me pesait.

» Le gouverneur m'a donné tout pouvoir sur papier
» officiel. J'ai couru chez mon Chinois, et je lui ai montré l'ordre de Son Excellence, et mon plan. Le Chinois n'a jeté sur mon plan qu'un œil oblique, et il m'a
» dit I. Cet I signifiait qu'il comprenait tout le méca-
» nisme du travail demandé, avec ses détails et acces-
» soires, et qu'il serait prêt dans deux jours.

» J'ai fait une visite de politesse à l'attorney-général.
» Il m'a reçu avec une froideur qui me dispensera d'une
» seconde visite. Cet homme mourra dans l'impénitence
» finale.

» L'*Evening-Chronicle* de ce jour renferme le para-
» graphe suivant sous la rubrique LATEST INTELLI-
» GENCE :

» — *Le savant économiste sir Edward Klerbbs va
faire des essais agricoles dans des terres incultes au nord*

*de Madras; le gouvernement a mis à sa disposition tous les instruments nécessaires pour favoriser cette entreprise. C'est ainsi que Son Excellence répond aux aveugles écrivains de la métropole !* »

» Toutes les choses de ce pauvre monde vont comme
» cela, mon cher Gabriel.

» Demain, à quatre heures du soir, vous me rencon-
» trerez au nord du lac avec tout mon attirail de chasse.
» J'élèverai un drapeau rouge sur le plus haut des pal-
» miers du désert. Je serai à dix pas de ce drapeau.
» Votre cheval me servira pour mon retour.

» Adieu, à demain.

EDWARD KLERBBS. »

AUTRE LETTRE.

» Madras, juillet 18...

» Mon cher ami,

» Je vous écris, *in greatest haste*, pour vous annon-
» cer que mon futur beau-père est toujours furieux
» contre moi. Il prétend que le mois de juillet est com-
» mencé, ce qui est incontestable, puisque le mois de
» juin est fini depuis quinze jours. Je n'ai rien à ré-
» pondre à cela, aussi je ne réponds pas.

» Mettez-moi au plus bas degré de l'autel où vous
» adorez la reine de l'Inde.

» Je vous serrerai les mains au premier jour.

» Adieu !

EDWARD.

» *P.-S.* J'avais oublié de vous dire que j'ai reçu à
» Madras une lettre de ce beau-père furieux. »

Gabriel montra cette dernière lettre à Héva, qui la lut en souriant, et dit avec mélancolie :

— Voilà donc comment les hommes traitent le mariage ! je ne suis pas dupe, moi, de sir Edward : il a une maîtresse à Madras, et il ne se mariera pas.

— Oh ! madame, dit Gabriel, sir Edward n'a que sa parole. Au'jour dit, Tranquebar le verra aux pieds de sa femme.

— Voilà une exactitude qui me déplairait singulièrement, à moi !

— J'avoue que sir Edward devrait au moins arriver une quinzaine avant l'échéance nuptiale ; mais c'est un caractère ainsi fait. Il prétend que la liberté du célibat garantit le bonheur du mariage. Au reste, sir Edward aime passionnément sa belle fiancée. Il vient d'atteindre comme moi sa vingt-septième année ; c'est l'âge où nous songeons à nous établir. La vie de garçon a quelques agréments peut-être, mais que d'amertumes au dehors ! que de solitude au dedans ! c'est une vie qui n'est pas faite. On sent toujours qu'il y a quelque part une âme...

— Je vous avertis, monsieur Gabriel, dit Héva, que vous avez un sérieux superbe en parlant de mariage.

— C'est que je n'ai jamais parlé plus sérieusement, madame, dit Gabriel avec un accent qui émut Héva. Je ne sais si j'ai tort, mais je juge mon ami sir Edward en regardant moi-même au fond de mon cœur. Eh bien ! je vous affirme sur l'honneur, madame, que je renoncerais de grand cœur à ma vie vagabonde pour me fixer dans quelque coin d'un doux climat, le premier coin venu, pourvu que j'y fusse moitié à l'ombre, moitié au soleil, avec une montagne, une forêt, un lac, quelques accessoires qu'on trouve partout. Je me sentirais de force à faire doucement ma vie d'époux dans ce petit paradis terrestre de mon choix ; d'aimer jusqu'à la mort une femme, pourvu qu'elle fût belle, aimable, gracieuse, vive, spirituelle, sensible, enjouée, et qu'elle m'aimât.

— Vous n'êtes pas trop exigeant, monsieur Gabriel, dans vos vœux. Croyez-vous qu'elle peut se rencontrer, la femme que vous rêvez !

— Elle peut se rencontrer.

— Souvent ?

— Une fois... c'est suffisant.

L'arrivée de deux importuns suspendit cette conversation. Les importuns arrivent toujours dans ces moments.

Le soir, après le repas, Gabriel, en saluant Héva qui se retirait, lui dit :

— Vous m'avez donné une idée, madame ; oui, je crois que sir Edward a une maîtresse à Madras ; je veux le surprendre et lui faire un sermon. Demain, je tombe devant lui à Madras, et je l'épouvante avec ma vertu.

— Et reviendrez-vous bientôt ?

— Après-demain. Je suppose qu'on peut vivre vingt-quatre heures loin d'ici ; je veux l'essayer.

Héva présenta sa main à Gabriel, et laissa rayonner sur sa figure un sourire d'une expression toute nouvelle pour lui.

Gabriel s'embrasa de ce premier rayon de bonheur ; il crut voir luire l'aube de l'amour sur le front céleste d'Héva.

Il sortit sur la terrasse, et jeta un rapide coup d'œil à l'horizon lointain du lac, comme s'il cherchait déjà sur les cimes confuses des arbres le drapeau rouge de sir Edward.

## X

### La Cage.

Au jour fixé, à l'heure convenue, Gabriel arriva au rendez-vous solennel que sir Edward lui avait donné. Le premier regard qu'il jeta sur les bouquets de palmiers clairsemés au désert, rencontra le drapeau rouge. Quelques instants après, il descendait de cheval et serrait les mains de son ami.

Sir Edward venait de congédier trois Indiens stupides qu'il avait amenés de Madras pour l'aider dans son travail. A l'arrivée de Gabriel, tout était prêt.

— Mon Chinois a fait un chef-d'œuvre, dit Klerbbs en montrant la cage; seulement il a corrigé mon plan. La cage a dix-huit pieds de circonférence, et les baïonnettes de défense sont entremêlées de larges arêtes de fer épineux. En vous plaçant au centre, vous serez hors de la portée de la plus longue griffe, en supposant qu'une patte endiablée s'allonge à travers ces chevaux de frise, ce qui est impossible. Voilà vos fusils en faisceau. Ils sont chargés au rhinocéros; vous les avez sous la main. A huit heures, vous aurez un quart de lune ; c'est suffisant... Voyez comme votre citadelle est solide ! on la croirait bâtie sur le roc : les assauts de tous les tigres du Bengale la trouveraient inébranlable. Ah ! je suis content de mon œuvre ! Mon oncle sir Edmund a un neveu digne de lui !

— C'est vraiment admirable ! dit Gabriel. Je suis étonné qu'on n'ait jamais songé à cela depuis Aureng-Zeb.

— Une chose fort simple pourtant, comme toute grande découverte... Voyez comme le site est bien choisi !... une vaste plaine déserte qui expire à ces rochers bruns. Le club des tigres est là-bas, dans ces énormes crevasses ouvertes par des volcans. J'ai entendu dire au pauve Mounoussamy que ces rochers conduisent, par une longue crête, aux gorges de Ravana. Quel malheur pour moi de ne pouvoir pas m'associer avec vous cette nuit !

— Oh ! impossible ! impossible ! Edward, vous savez...

— Je le sais. Allons, je me sacrifie.... D'ailleurs, ma présence est nécessaire à l'habitation.

— Vous dites cela d'un air singulièrement mystérieux, sir Edward !

— C'est qu'à Madras j'ai appris d'étranges choses.... Il est faux que Goulab et Mirpour soient arrêtés. Ces deux coquins ont mis en défaut tous les limiers de la justice. Lord Cornwallis m'a dit :

« Je connais ce Goulab ; il a la patience du lion amoureux, la ruse et l'entêtement du mandrille. Dites à la belle veuve d'établir bonne garde autour d'elle. A Madras, elle ne craindrait rien ; dans son désert, elle est, à son insu, sous la griffe de ce monstre. On m'a rapporté que ce Goulab s'était longtemps caché dans les souterrains d'Élora ; mais, depuis que les Indiens qui lui sont vendus ont répandu dans la campagne le faux bruit de son arrestation, il est sorti de son repaire, et il rampe prudemment comme un boa dans la direction du lac. » Voilà ce que m'a dit le gouverneur.

— Edward, vous me donnez des frissons de mort !.... Décidément j'abandonne cette chasse, et je retourne avec vous pour veiller sur Héva...

— Non, Gabriel, c'est inutile. Voici pourquoi. Il est maintenant hors de doute que c'est Goulab qui a été blessé par moi, l'autre nuit, dans les buissons du lac ; que c'est lui qui s'est caché dans la maison du brahmane Syali ; que Çourâ n'a pas aboyé parce qu'il a reconnu un ami de la maison ; enfin que le docteur Phytian a été appelé pour panser la blessure de Goul... Tout cela est de la dernière évidence, n'est-ce pas ?

— Incontestablement.

— Or, nous ne craignons rien encore de Goulab ; il est couché dans le lit du brahmane. Je ne crains pas qu'il vienne cette nuit rôder autour de la place pour combiner quelque plan d'escalade ; d'ailleurs, je serai à mon poste. Demain nous écrirons à lord Cornwallis, et notre Goulab sera pris dans sa tanière avant le coucher du soleil.

— J'approuve tout ; il n'y a aucune objection à faire à cela.

— Adieu donc, mon cher Gabriel ; retirons-nous chacun dans notre cage, vous pour chasser aux tigres, moi aux Goulab. Je me suis donné le poste le plus périlleux.

— Adieu, mon cher Edward... à demain ; je vous attends ici. Venez me délivrer trois heures après le lever du soleil.

— Bonne chasse et bon courage ! Adieu, Gabriel.

Lorsque le bruit du galop du cheval de Klerbhs s'évanouit, la solitude devint silencieuse et menaçante autour de Gabriel.

Le jeune homme regardait le soleil incliné sur l'horizon, et l'astre semblait descendre avec une lenteur affectée vers les nuages de pourpre qui l'attendaient pour l'ensevelir.

Enfin, comme la plus attendue des nuits arrive toujours, la dernière lueur du crépuscule s'éteignit sur la cime des palmiers, et Gabriel éprouva ce saisissement qui vient au cœur du plus fort dans les heures solennelles de la vie.

Les deux bœufs étaient tombés sur l'herbe, mortellement blessés, et déjà leurs mugissements retentissaient dans la solitude.

Quand toutes les étoiles levées annoncèrent aux monstres de l'Asie que la terre leur appartenait, il y eut, dans les échos des roches lointaines, un râle strident qui signifiait que l'odeur du sang frais arrivait avec la brise aux naseaux subtils des bêtes fauves. Le festin était large, les convives accouraient : l'amphitryon caressait une double détente de la pointe du doigt.

Deux tigres noirs, qui semblaient tomber du ciel comme deux aérolithes, s'abattirent sur le flanc convulsif d'un taureau, et tout-à-coup ils relevèrent fièrement leurs gueules sanglantes au léger bruit que fit le chasseur en ajustant son fusil à travers les barreaux. En même temps, d'autres tigres fauves bondissaient dans les ténèbres en les sillonnant des tisons de leurs yeux, et ils s'arrêtaient brusquement, comme des chevaux sur la lèvre d'un précipice à pic, à vingt pas de la cage de Gabriel ; et, deux pattes ployées en arrière et frissonnantes, le poitrail en avant, les oreilles aplaties, la tête fixe et agitée par saccades, ils examinaient ce hérisson colossal, immobile au désert, cet étrange ennemi inconnu à leur expérience, à leurs traditions de famille, à leur instinct. Les plus affamés abandonnaient la solution de l'énigme et se ruaient sur les bœufs, en disputant, à coups de griffes, leur part de cette chair savoureuse qu'ils sentaient mourir sous leurs dents avec des spasmes rauques de rage et de volupté.

Gabriel s'était mépris sur la nature de son courage. L'homme le plus brave a des accès de peur qu'il ne peut réprimer, et qui le font frissonner comme un lâche. La nuit apporte avec elle des terreurs suprêmes que les imaginations vives ressentent, même en l'absence de tout danger. Les formidables voix de ces monstres déchiraient la poitrine de Gabriel et vibraient dans ses intestins comme un ouragan de cuivre ; on eût cru entendre une symphonie composée de toutes les notes qui mordent sur l'épiderme, comme des limes d'acier, et tremblent en sifflant à la pointe des nerfs. L'air semblait lancer au chasseur les dents et les griffes du tigre, et le chasseur, dans le délire de l'épouvante, se débattait contre ces invisibles lames de feu, aiguës et poignantes, décochées à travers les barreaux.

Il n'y a dans ces moments qu'une énergique surexcitation de colère qui puisse rendre à l'homme son courage et sa raison. Gabriel poussa un cri terrible, comme on fait dans un rêve étouffant pour se réveiller, et il tira deux coups de carabine. Un silence solennel retomba sur cette scène. Les animaux, accroupis en cercle, restèrent immobiles, comme les sphynx de l'avenue du temple de Karnak, et l'on n'entendit plus que le chant monotone de l'insecte qui, perdu sous le buisson voisin, glorifiait la splendeur de la nuit, dans son sublime dédain pour le tigre et pour l'homme.

Le feu et la détonation suspendirent quelques instants le festin et les accès de rage des animaux. Les deux cadavres de leur famille, étendus raides sur l'herbe, ne firent aucune impression sur les autres. A deux nouveaux coups de feu, ils ne répondirent, après un moment d'hésitation, que par un assaut général, comme s'ils avaient tenu conseil. Ils s'élancèrent contre cet ennemi insolent qui venait sur leurs domaines leur disputer une proie si cpulente. Repoussés de tous côtés par les lames de fer, plus solides que leurs dents et leurs griffes, ils tombaient en arrière, avec des ondulations furieuses, d'horribles craquements de mâchoires, et des cris de rage folle qui ressemblaient à l'éruption d'un orgue immense plein de sauvages rugissements. Les blessures reçues les irritaient encore contre cet inébranlable ennemi de fer ; par intervalles, le jeune chasseur se croyait dans un kiosque tapissé de têtes de tigres, têtes gonflées par la colère, monstrueuses, sanglantes, illuminées de deux escarboucles, et secouant des flots d'étincelles, comme le fer rouge sous le marteau. Il y avait surtout de terribles frissons à subir lorsque Gabriel sentait courir sur son visage l'extrémité velue d'une queue de tigre, énergiquement recourbée à travers les barreaux ; car il semblait alors qu'une brèche était ouverte à la citadelle, et que, chasseur et remparts, tout allait être broyé dans les gueules des monstres du désert.

A cette phase de ce drame inouï, Gabriel, semblable au marin brave, mais novice, qui frissonne à la première volée de canons, et sourit à la seconde, Gabriel avait ressaisi tout son sang-froid. Il prodiguait, à bout portant, les coups de carabine sans les compter, et il devina bientôt que le découragement était du côté des ennemis. Les animaux tremblèrent à leur tour, comme s'ils eussent reconnu qu'ils luttaient follement contre une puissance supérieure. Déjà les plus intelligents regagnaient à pas mesurés les montagnes paternelles, se retournant quelquefois pour lancer un râle sourd au théâtre sanglant du combat. Les blessés marchaient avec effort vers un buisson de nopals, s'y abritaient comme dans une ambulance, allongeaient leurs grands corps, et déposant de leurs lèvres sur leur griffe droite une salive mêlée d'écume rougie, ils lavaient la plaie vive de leurs mufles et de leurs fronts. D'autres, les plus intraitables sans doute, avalaient des lambeaux de bœuf, se désaltéraient dans une mare de sang, et répondant par un cri rauque à chaque coup de carabine mal ajusté, ils s'acheminaient encore, quoique rassasiés, sur leur proie à demi dévorée; et les deux griffes antérieures plongeant au cou d'un taureau, les dents aux cornes, le dos convulsif, le poil hérissé, ils traînaient sur l'herbe ce reste de festin, comme des convives prévoyants qui, surpris par des éclats de foudre, au milieu d'un repas en plein air, emportent chez eux les viandes pour les besoins du lendemain.

Enfin, il fut permis à Gabriel de respirer. Il n'entendait plus qu'à une distance rassurante les cris agonisants de la colère des monstres, semblables aux échos affaiblis et lointains qui annoncent la fin de l'orage, et rendent l'espoir au laboureur. Gabriel rechargea cependant toutes ses armes, car une idée effrayante le frappa dans ce premier moment de trêve; il craignait de revoir, avant l'aube, une nouvelle armée de tigres recrutés dans les montagnes, accourant pour venger une défaite et glaner dans le charnier du festin. Heureusement, tout était bien fini. Le chasseur aurait succombé sous ses émotions à un second assaut.

Au premier rayon de l'aube, Gabriel tressaillit d'orgueil en lisant autour de lui le bulletin de sa victoire. Seize tigres étaient couchés morts sur le gazon, encore menaçants, les griffes et le mufle tournés vers la cage, comme de braves soldats tombés la face à l'ennemi. De nombreuses flaques de sang, çà et là stagnantes, attestaient des blessures profondes emportées aux tanières. Les bœufs avaient disparu ; la place qu'ils occupaient gardait encore leurs formes, et l'œil du chasseur suivait, bien loin dans la campagne, le sillon sanglant qu'avaient tracé leurs grands squelettes traînés par un attelage de tigres. Les barreaux de la cage étaient souillés de taches rouges, et plusieurs lames, mal assujéties, avaient ployé sous la furie des assauts.

Grâces aux exquises provisions de table que la sage prévoyance de Klerbbs avait mêlées aux provisions de guerre, Gabriel répara ses forces abattues. Il déjeunait, triomphant, sur le champ de bataille, et le premier témoin de sa victoire fut le soleil qui laissa tomber sur son dôme de fer une couronne d'or. Quelques milans à tête blanche, nommés dans l'Inde *Tchankara*, vinrent tournoyer, au lever de l'astre, sur la plaine du carnage ; mais ils n'osèrent s'abattre sur les cadavres. Gabriel dédaigna ces oiseaux et ne leur fit pas l'honneur d'un salut.

Cependant le soleil montait dans l'azur du zénith, et sir Edward, toujours si exact, ne paraissait pas. Gabriel mourait d'inquiétude, les yeux tournés vers le midi. La distance en ligne directe de ce désert à l'habitation pouvait être parcourue à cheval en quelques heures; mais à cause des longs détours que nécessitaient les accidents du terrain, la course était double. Ce ne fut qu'à la mi-journée que sir Edward arriva; il amenait avec lui un cheval tout sellé pour Gabriel.

La pantomime de sir Edward, en descendant de cheval, fut plus éloquente qu'une série d'éloges accordés au courage de Gabriel. L'Anglais fit tournoyer ses mains sur sa tête et les laissa tomber comme épuisées, par des convulsions d'enthousiasme, dans les mains de Gabriel.

— Mon ami, dit Klerbbs, vous avez gagné le paradis! vous épouserez Héva!

— Quelle épouvantable nuit!

— Oui, Gabriel! mais quel beau jour! Vous avez accompli les douze travaux d'Hercule, et vous trouverez la belle Omphale au bout du chemin. Elle vous attend... J'ai bien tardé, n'est-ce pas?... c'est qu'il y a eu du nouveau à l'habitation... L'attorney-général est chez vous... Notez que je dis *chez vous*. Ce magistrat a été envoyé à l'habitation par lord Cornwallis pour étudier les localités et diriger des recherches contre Goulab et

Mirpour dans un centre d'opérations. Il y a des bruits alarmants qui circulent au sujet de ces deux brigands. Le gouverneur en sait plus qu'il n'en dit. Héva ignore tout ; je la laisse dans son heureuse sécurité. Je ne veux rien dire ni faire sans vous, Gabriel...

— Mais, Héva ? Héva ? parlez-moi d'Héva ?

— Elle est à vous ! Ah ! si vous l'aviez vue !... les femmes les plus réservées se trahissent dans de certains moments.... Après nous être débarrassés des longs entretiens de l'attorney-général, lequel, par parenthèse, continue à me regarder de travers, j'ai eu, à l'écart, ce dialogue avec votre Héva :

— Mais où donc s'est perdu votre ami, sir Edward ? m'a-t-elle dit avec cette insouciance qui marque un souci.

— Gabriel est à la chasse, madame.

— Seul ?

— Seul ; sur mon honneur, il est seul.

— De quel côté ?

— Vers les roches noires, bien loin d'ici.

— Il est donc fou, votre ami ?

— Non, madame : il vous apportera ce soir un superbe tapis de douze tigres...

— A ces derniers mots, Héva s'est précipitée sur moi comme pour me dévorer.

— Ne plaisantez pas, sir Edward ! s'est-elle écriée, M. Gabriel est-il véritablement aux roches noires ?

— Foi de gentilhomme! lui ai-je répondu avec cet air sérieux qu'on ne peut feindre.

—Sir Edward! m'a-t-elle dit en me serrant les mains, pas une minute de plus ici! Prenez avec vous six de mes plus intrépides serviteurs, et courez au secours de ce pauvre Gabriel. J'exige que vous me le rameniez vivant. Partez!

Voilà donc, cher Gabriel, sous quels favorables auspices, je suis parti de l'habitation. J'ai laissé les six domestiques à un mille, là-bas, dans un labyrinthe d'ébéniers; ils ne doivent rien voir de ce que vous avez fait, jusqu'à ce que la cage disparaisse dans le lac. Les serviteurs d'Héva ne verront que les tigres morts et point de cage. Quel horrible mystère pour eux!... Allons, ne perdons pas de temps, et noyons cette citadelle de fer; elle a fait son service.

Lorsque la cage eut disparu sur les bords du lac où elle s'élevait, Klerbbs tira un coup de pistolet pour appeler les domestiques : c'était le signal convenu.

— Voici maintenant, dit Klerbbs, le cri de l'esclave au triomphateur. C'est une lettre que je vous apporte; elle modérera votre joie qui vous serait funeste.

— Oui, vous avez raison, donnez... C'est une lettre d'un membre de l'Institut... Je la lirai demain... Voyons le *post-scriptum* seulement...

« *La science ornithologique compte sur vous... N'oubliez pas dans vos explorations le colibri aux ailes d'ar-*

*gent, que Sonnerat désigne sous le nom de* MARGARITA-VOLANS.

— Seize tigres ! dit Edward en joignant ses mains... Voyez ce que coûte une femme !

Quand les domestiques arrivèrent, Klerbbs leur ordonna de placer le monstrueux gibier dans le chariot qui avait transporté la cage, et d'y atteler des chevaux en guise de bœufs.

Une sédition faillit éclater parmi les domestiques ; ils reculèrent d'effroi devant les cadavres, dont quelques-uns semblaient encore les regarder avec de grands yeux sanglants, que la mort n'avait pas fermés. Gabriel et Klerbbs furent obligés d'aider les serviteurs dans ce rude travail, qui fit perdre encore deux heures à la petite caravane.

Les chevaux témoignèrent aussi beaucoup de répugnance pour cette corvée ; mais comme ils étaient de ceux qui avaient vu des tigres vivants, ils s'habituèrent bientôt à des tigres morts.

On se mit en marche, mais la pesanteur du chariot et le poids de la charge ralentissaient beaucoup le mouvement des roues. On avançait avec une lenteur désespérante pour Gabriel.

Les deux amis chevauchaient côte à côte et veillaient sur le précieux chariot.

— Nous arriverons fort tard, disait Gabriel avec un soupir significatif.

— Je n'en suis pas fâché, disait sir Edward, à cause

de cet attorney-général ; je voudrais même qu'il fût dans son lit lorsque nous arriverons. Il nous regarderait comme des hommes plus féroces que des tigres, et il persisterait plus que jamais dans la mauvaise opinion qu'il a de nous.

— Eh! je me moque bien, moi, de l'attorney-général et de son opinion! Chaque minute perdue est un siècle de bonheur retranché de ma vie!

— Quel noble amour est le vôtre, mon cher Gabriel! Et que mon beau-père futur, sir Douglas, serait heureux d'avoir un gendre comme vous! Mes affaires sont, hélas! si embrouillées à Tranquebar! La calomnie a répandu le bruit que j'avais eu un duel à Bangalore avec un Anglais pour une femme! La calomnie a cela de terrible, qu'il y a toujours au fond de ses contes quelque atôme de vérité... Je vous ai conté mon duel avec sir Wales pour sa statue de pagode... On a bâti là-dessus une fable qui a mis mon beau-père au comble de l'exaspération... J'espère que tout s'arrangera, et que le médisant Tranquebar sera confondu... Mon plan de vie est fait. D'abord, je me marie ; je donne ma démission de savant. J'habite l'Inde anglaise. Mon père, quoique avare, m'assure cinq cents livres de rente. Je donne à mes enfants la seule éducation qui soit une fortune, l'éducation polyglotte ; et nous vivons en communauté tous les quatre, vous et moi, Héva et Erminia, donnant l'exemple des vertus conjugales à la côte de Coromandel.

— Vous êtes charmant, sir Edward... Oui, parlez-moi d'Héva ! parlez-moi d'Héva !... Le nom d'une femme ! quatre lettres ! cela suffit pour enchanter cette solitude et la parer de toutes les grâces de l'Asie !.... Edward, répétez-moi ce qu'elle vous a dit ; répétez-moi ses dernières paroles du ciel, en me jetant le dernier écho de sa voix... Oh ! si j'avais été témoin de ses angoisses, je serais tombé à ses genoux divins ! je serais mort de joie dans la poussière de ses pieds.

— Oui, Gabriel, cette femme vous aime ; elle vous aime depuis le jour où elle consentit à jouer sa perruche aux échecs contre vous. Je connais les femmes, et surtout les jeunes veuves, lesquelles sont plus femmes encore que les autres. Héva sera fidèle à la mémoire de son mari tant qu'il restera un point noir sur ses vêtements. A sa première robe blanche vous l'épouserez.

— Et ce maudit chariot embourbé qui n'avance pas ! Et la nuit ! la nuit qui va tomber !

— Nous ne craignons rien, Gabriel, nous sommes tous armés jusqu'aux dents, et nos domestiques ne sont pas des Péons.

— Oh ! ce n'est pas le danger que je redoute !... Héva doit être dans des transes mortelles...

— Tant mieux ! tant mieux ! Gabriel. Vous figurez-vous aussi quels transports de joie, quels élans de furieux délire accueilleront votre retour ! quelles douces et blanches mains poliront vos cheveux souillés de sang ! Héro et Léandre vont revivre ce soir au Coromandel.!

— Edward ! nous n'avançons pas ! nous n'avançons pas! La route est affreuse ! L'orage de l'autre nuit a creusé des ravins partout. Nous n'avançons pas, mon ami ! attelons nos chevaux pour renfort.

— Temps perdu ! l'attelage suffit. Bientôt nous sortons du désert ; nous serons en plaine. C'est le chemin de ronces qui mène au paradis !

Gabriel se tut, et il demeura longtemps silencieux, abîmé dans la pensée que renfermaient les dernières paroles de son ami.

C'était l'heure où la société de la maison d'Héva se retirait dans les appartements supérieurs, car les veillées étaient courtes, les Indiens de la campagne aimant mieux jouir des heures qui suivent l'aube, heures de fraîcheur odorante et de gracieuse sérénité.

Les deux amis remarquèrent un mouvement de gestes et d'inquiétude parmi les domestiques. Les premiers désignaient aux autres le point de l'horizon où s'élevait la montagne boisée au pied de laquelle était l'habitation d'Héva.

Jusqu'à ce moment, cet horizon s'était voilé de toutes les ténèbres de la nuit, et son obscurité profonde, mise en relief dans les teintes transparentes et étoilées du reste du tableau, servait même de point de reconnaissance, et dirigeait la marche de la petite caravane.

Tout-à-coup cette grande masse d'ombre lointaine, formée par la forêt et la montagne, jeta des lueurs vives, comme si elle se fût embrasée au feu des étoiles.

— Voilà quelque chose de bien effrayant ! dit Gabriel d'une voix émue.

— C'est un feu de berger ; ce n'est rien.

La voix de l'Anglais manquait d'assurance en répondant à son ami.

— Le feu grandit à vue d'œil, reprit Gabriel...

— C'est peut-être une attention d'Héva, dit Klerbbs... elle place un phare pour nous éclairer dans la nuit.

— Un phare !... c'est toute une forêt qui s'embrase à l'horizon...

— Ne vous alarmez pas ainsi, Gabriel... Héva nous a parlé un jour de cet immense feu de joie qui éclaira la nuit de son mariage ; elle pense que vous n'avez pas oublié son récit ; c'est une allégorie nuptiale qu'elle vous envoie dans les ténèbres, pour vous exciter au retour.

— Oh ! je n'admets pas cette explication ; elle est trop forcée... Edward, abandonnons le chariot, et lançons-nous à toute bride vers l'incendie.

Edward ne put répondre qu'en imitant son ami, car celui-ci, emporté au vol du cheval, était déjà bien loin du chariot.

## XI

### Conclusion.

C'était comme une course au clocher engagée entre Klerbbs et Gabriel. Ils passaient comme des êtres surnaturels à travers les masses d'arbustes, et par-dessus les ravins et les buissons, couchés sur la crinière de leurs chevaux.

A chaque élan, le tableau vers lequel ils se précipitaient devenait plus horrible. L'incendie tombait de la montagne sur la plaine comme une immense cataracte de flammes. Des tourbillons de fumée éclatante voilaient le ciel; les craquements des arbres déracinés, qui s'écroulaient en charbons gigantesques, mêlés aux pétillements furieux des feuilles vertes, formaient un fracas épouvantable, comme celui des ouragans des tropiques; le lac, embrasé par les reflets de l'incendie, était comme la planète de ce nouveau et effrayant soleil qui roulait en fusion sur l'Éden du Coromandel.

Les deux amis, arrivés à cent pas du *Chattiram*, s'élancèrent de leurs chevaux dans l'allée, et coururent vers la terrasse, où des cris formidables et les aboiements d'un chien désolé semblaient appeler tous les secours humains.

— Ce feu sort de la tête d'un démon ! s'écria Edward.

Un cri déchirant, tel que le pousse une femme au milieu d'une ville prise d'assaut, retentit dans les entrailles de Gabriel. A la clarté de l'incendie qui rapprochait les objets en les éclairant mieux que le soleil, Gabriel vit passer au vol, sous les arbres, un groupe bien connu de lui. L'Indien Goulab emportait dans ses bras, comme le milan la colombe, la belle Héva toute ruisselante de cheveux noirs. Au même instant, un autre Indien colossal, agile comme le tigre, et dont le front secouait des bandelettes sanglantes, tombait sur le ravisseur Goulab, avant Klerbbs et Gabriel. Le géant bronzé étendit Goulab à ses pieds d'un coup de poignard, en lui criant : — Il y a trois cents nuits que je t'épie, brigand !

Héva sembla jeter son âme dans un cri de joie, et l'Indien vainqueur l'emporta convulsive de terreur et de saisissement, ses beaux bras levés au ciel, et ses beaux yeux remplis d'une expression qu'aucune crise humaine n'a jamais donnée au regard de la femme.

Une minute vit passer cette histoire.

Cet Indien, qui semblait sortir des entrailles de la terre, était le mari d'Héva, le nabab Mounoussamy !

Prenez toutes les contradictions de surprise, toutes

les nuances de terreur qui ont passé sur les visages de Saül devant la Pythonisse, et de Brutus devant le fantôme de Philippes, et vous aurez à peine une idée de la face bouleversée de Gabriel, lorsqu'il reconnut l'Indien ressuscité : il aura, sans doute, cette figure de suprême désolation, le premier homme qui rencontrera l'Ante-Christ sur la route de Josaphat...

Klerbbs s'oublia pour ne songer qu'à son ami ; il le porta dans ses bras, et l'entraîna mourant, loin de l'endroit où venait de se passer la terrible scène.

Héva et son mari avaient disparu. L'incendie n'avait plus que quelques degrés de la montagne à descendre pour dévorer le toit de l'habitation

La ferme de l'habitation était située dans une plaine découverte, que l'incendie ne pouvait atteindre. C'est là que Klerbbs conduisit Gabriel chancelant, comme un soldat conduit son camarade blessé à l'ambulance. Gabriel marchait avec les pieds de son ami ; ses yeux fixes et démesurément ouverts semblaient annoncer que sa raison avait subitement reçu une atteinte fatale. Klerbbs n'osait l'interroger, de peur de recevoir une de ces réponses qui effraient, parce qu'elles ne viennent que du mécanisme de la langue et des lèvres, sans avoir passé par le cerveau.

Un des corps de logis de la ferme avait ses croisées ouvertes et éclairées ; on entendait même un grand bruit de voix dans les salles supérieures, et Klerbbs comprit que toute la société de l'habitation s'était réfugiée dans cet asile par un chemin détourné ! Il n'osa pas frapper à la porte pour demander une place, car il n'aurait su comment expliquer l'affreux état de Gabriel; et d'ailleurs il supposait avec raison que l'Indien et Héva s'étaient aussi réfugiés chez leur fermier.

Ce fut dans une petite grange ouverte, pleine de feuilles sèches de bambous et de paille de riz, que Klerbbs conduisit Gabriel; il y régnait une obscurité profonde, malgré la clarté de l'incendie. Le pauvre blessé, toujours silencieux, s'étendit sur l'édredon végétal des sauvages Indiens, et Klerbbs s'assit à ses côtés sur le même lit, désespéré de ne pouvoir lui donner un secours, car au moindre bruit, pouvait descendre de la ferme quelque fantôme infernal ou divin qui aurait tué Gabriel en venant le secourir.

Cependant, comme les forces physiques du malheureux jeune homme avaient été épuisées par les rudes fatigues de la dernière nuit, suivie de ce jour plus accablant encore, un sommeil favorable lui vint après la crise nerveuse. La nature a quelquefois la bonté de se faire médecin, et de guérir par des procédés mystérieux dont elle garde le secret par amour-propre d'auteur. Klerbbs écoutait avec joie la respiration qui murmurait doucement aux lèvres de Gabriel, et qui avait perdu, après une heure de sommeil agité, ses symptômes alarmants. Moins inquiet sur le sort de son ami, il se leva avec précaution et sortit de la grange pour prêter l'oreille aux bruits extérieurs, et saisir, dans les moindres indices, quelque révélation sur les événements du jour.

Il entendit d'abord un bruit de chevaux et de roues du côté du lac. C'était le chariot qui arrivait, après avoir rencontré des contrariétés sans nombre dans sa marche. Klerbbs ne voulut pas laisser avancer plus loin ce trophée d'un dévouement inutile ; il courut vers les domestiques, et leur dit avec l'assurance d'un ambassadeur parlant au nom de son souverain :

— Madame vous ordonne de continuer votre route et d'aller à Madras ; vous vous arrêterez à *Ast et india inn*, et vous y attendrez sir Edward Klerbbs. Deux d'entre vous se détacheront du convoi à un mille d'ici, et attendront à cheval de nouveaux ordres. Allez, et arrivez avant le jour. Madame le veut.

Un domestique se disposait à faire une humble observation ; mais Klerbbs brisa la phrase commencée par un geste dominateur, et le convoi se mit en marche pour Madras.

Klerbbs revint à la porte de la grange, sur la pointe des pieds, et s'assura que rien n'était changé dans l'état de Gabriel. Alors il suivit dans toute sa longueur le mur de la ferme, en se voilant des masses flottantes d'un rideau de mûriers de Chine, et s'approcha de la croisée ouverte d'une salle basse, où les domestiques s'entretenaient en buvant.

— Moi, disait l'un, je m'en doutais ; cela ne m'a pas surpris. Une nuit, le mois de mai dernier, Mary me dit :

Il y a quelque chose là-bas, de sombre, sous le manguier du lavoir. Je regardai et je vis une ombre passer sur le lac, au clair de la lune.

— Eh bien ! c'était notre maître le nabab ! Il attendait Goulab toutes les nuits.

— Mais comment s'est-il échappé du milieu de tant de tigres à la chasse du Lutchmi ? demandait une des femmes.

— Et ne l'avez-vous pas entendu raconter cela ? disait un domestique ; c'est un tour de jongleur de la fête d'Aghi. Il s'est moqué des tigres à leur barbe ; il a fait cent fois le même tour de force, là-bas, sur le lac ; le seigneur Mounoussamy s'est précipité dans le Gouroul, non pas du côté de l'eau, mais du côté des arbres ; il s'est accroché aux branches, et il est remonté le lendemain, après le lever du soleil.

— Et pourquoi n'est-il pas venu chez madame, tout de suite ? demandait-on.

— Pour faire ce qu'il a fait cette nuit ; c'est une vengeance à l'indienne. Notre maître aime beaucoup sa femme, mais il aime encore plus la vengeance. Il y a toujours du tigre dans le sang de ces hommes ; son frère Talaïperi était seul dans le secret ; il gardait la femme et la maison. Vous n'avez pas vu l'autre nuit le désespoir du seigneur Talaïperi, lorsqu'il a cru que sir Klerbbs avait tué son frère dans les buissons du lac. Sir Klerbbs a cru blesser un tigre, il a blessé au front le nabab ; ces Indiens ont heureusement des fronts d'airain. C'est le brahmane Syali qui cachait le Mounoussamy dans sa maison, de l'autre côté de la montagne. Quand Goulab, aidé de ses Péons, a mis le feu aux quatre coins de la forêt, pour forcer madame à s'échapper de l'habitation, la clarté de l'incendie a frappé le Mounoussamy dans la maison du brahmane. Le rusé nabab a reconnu la griffe de Goulab, et tout malade et blessé qu'il était, il a franchi le vallon comme le vent, et il est tombé sur Goulab comme la foudre du ciel. Il faut que cet attorney-général soit bien entêté ; il a voulu soutenir à notre maître qu'il n'était pas Mounoussamy ; il ne l'a pas voulu reconnaître ; il ne l'a pas salué. Tantôt, quand je suis monté aux chambres pour servir à souper à l'attorney, il m'a dit :

— Écoute, John, comment appelles-tu cet Indien qui est blessé au front et qui a tué Goulab ?

— Mounoussamy, ai-je répondu.

— En es-tu bien sûr ? m'a dit l'attorney d'un air sombre.

— Si j'en suis sûr ! ai-je repris, il y a dix ans que je le sers.

— C'est bon ! m'a-t-il dit d'un ton sec.

Kierbbs entendit le bruit d'une porte qui s'ouvrait, et en deux bonds il regagna la grange. Ce qu'il avait recueilli lui suffisait. Un serrement de cœur l'avait saisi, en apprenant que c'était lui qui avait blessé Mounoussamy dans cette effroyable nuit, où une révélation mystérieuse fit pousser à Héva un cri d'horreur devant les taches de sang qu'il avait rapportées du lac avec Gabriel.

Désormais, pour l'un et pour l'autre, cette maison était inhabitable. Il fallait partir sur-le-champ et ne pas regarder en arrière, de peur de voir, l'un, l'ami qu'il avait blessé à la tête ; l'autre, la femme qu'il avait blessée au cœur. Dans cette situation pleine d'anxiétés douloureuses, Klerbbs résolut de s'assurer de l'état moral de Gabriel à son réveil, et de faire un appel énergique à son courage, pour exciter en lui une forte et salutaire détermination.

Au premier mouvement de Gabriel, Klerbbs l'appela d'une voix ferme, comme il eût fait en temps ordinaire, et il lui dit :

— Mon cher ami, les chevaux nous attendent ; il faut arriver à Madras avant le jour.

Gabriel se souleva brusquement à demi, et tendit la main à Klerbbs, qui la serra comme on fait à un ami en lui apprenant la mort d'une personne adorée.

— A deux mille lieues de son pays, dit Klerbbs, on est obligé d'avoir du courage et d'être un homme en toute occasion.

— Vous serez content de moi, Edward, dit Gabriel en se levant ; ma tête est un peu faible, mais l'air de la nuit me remettra. Un rocher m'est tombé sur le front ; puisque je ne suis pas mort de ce coup, je vivrai.

— Très-bien ! Dans ces sortes de maladies, partir sur-le-champ est un premier remède.

— Partons! dit Gabriel.

Les deux amis gagnèrent la grande allée, et, à peu de distance du dernier arbre, ils trouvèrent les deux domestiques; Klerbbs leur ordonna de rentrer à la ferme, à pied; et, s'emparant de leurs chevaux, il courut au galop, avec Gabriel, sur la route de Madras.

L'ardeur de la première course s'étant modérée, Klerbbs, après quelques préambules lénitifs, conta mot à mot à Gabriel la conversation qu'il avait entendue sous la croisée de la salle basse des domestiques. Ce récit ne provoqua aucune réflexion de la part de Gabriel; ce silence inquiéta Klerbbs.

En arrivant à Madras, à l'aube, Klerbbs laissa Gabriel à l'hôtellerie et courut retenir deux passages à bord d'un brick qui partait pour Pondichéry ce matin même.

— Mon cher Gabriel, dit-il en rentrant, le mal d'amour est comme le mal de poitrine, pour guérir, il faut changer d'air.

— Je reste, dit Gabriel.

— Tu restes à Madras?

— Oui.

— Et que feras-tu à Madras seul? car je pars, moi.

— Je la verrai... cette femme!

— Gabriel, tu m'avais promis d'être un homme...

— Je le serai... Je veux la voir une fois, une seule fois encore; et je me tue à ses pieds.

— Fou! comme si j'allais te permettre cela!... Mais

est-ce ainsi que les Français comprennent la sainte amitié? J'ai fait pour toi tout ce que tu as voulu ; j'ai manqué à ma parole, j'ai négligé ma fiancée, j'ai inventé une cage de fer, je me suis brouillé avec mon beau-père, ou à peu près ; te croyant en péril, je t'ai apporté de Tranquebar mes armes et mon bras ; et aujourd'hui je te prie de venir signer à mon contrat de mariage, et ce premier service que je te demande tu me le refuses, sous prétexte que tu veux te tuer aux pieds d'Héva!

— Oui, Klerbbs, dit Gabriel ému; oui, tu as raison, je suis un ingrat!... Mais, que veux-tu?... c'est ainsi... Ne sens-tu pas que c'est ton bonheur même qui met le comble à mon désespoir?...

— Quel bonheur?

— Tu vas te marier, Edward, avec une femme charmante, la perle du Coromandel. Moi, je resterai seul. Que ferai-je à Tranquebar ; je te verrai heureux auprès d'une épouse adorée, et ce spectacle de tous les jours me rappellera les épox du Tinnevely, sous le même ciel, dans les mêmes paysages, sur la même mer ! Je frémis encore à une autre idée...

— Quelle idée?... Voyons ton idée.

— Oh! impossible...

— Parle, parle... Tu crains de devenir amoureux de ma femme?... Je t'ai deviné!... Quel homme!...

— Edward, il faut que je retourne en France seul,

sans toi... et je n'ai pas la force de subir cet isolement... j'aime mieux mourir ici.

— Écoute-moi, Gabriel... Je ne tiens pas du tout à me marier. Veux-tu chasser l'amour par l'amour? lord Cornwallis te donnera une lettre de recommandation pour le consul anglais de Tranquebar ; moi, je disparaîtrai du monde indien. Tu t'installeras chez sir Douglas ; tu deviendras l'idole de la famille, tu aimeras miss Erminia, et tu l'épouseras.

— Quelle atroce plaisanterie me fais-tu là, Edward ?
— Tu devrais me connaître assez pour croire que je parle sérieusement. Je ne suis pas de ceux qui s'imaginent qu'il n'y a qu'une femme dans le monde. J'aime miss Erminia de cet amour universel que je puis donner à toutes les jolies femmes, et si tu veux l'aimer, je m'embarque sur le *Star* qui part ce soir pour Southampton. J'irai te rejoindre à Paris, et tu me présenteras à madame Gabriel, qui sera enchantée de ne pas m'avoir épousé... Tu ris, mon ami ; c'est toujours bon de rire. Écoute encore : tu sais que toutes mes plaisanteries ont toujours amené des actions sérieuses ; oui, je n'imiterai pas tant d'hommes qui parlent sérieusement pour arriver à des sottises ; accepte-moi tel que je suis ; léger à l'enveloppe et grave au fond. Mes deux oncles sont morts du *spleen* pour avoir été le contraire ; je ne veux pas mourir comme eux.

— Edward, dit Gabriel avec affection, je voulais mourir pour elle, mais tu mérites qu'on vive pour toi.

J'irai signer à ton contrat de mariage. Je t'accompagne à Tranquebar.

— Bravo ! te voilà redevenu homme et Français. Crois-le bien, mon ami, si tous les hommes qui sont morts pour des femmes étaient revenus au monde trois mois après, ils ne se seraient pas tués une seconde fois. Agis comme un ressuscité.

— Ah ! Edward ! Edward ! le coup a été bien terrible ! bien terrible !

— Oui, j'en conviens. On adore une femme, on lui tue seize tigres, on va l'épouser, et voilà qu'un affreux géant de mari...

— Edward ! Edward !

— C'est juste, ne parlons plus de cela. C'est un fait accompli... Nous allons avoir des distractions... Tu verras... Nous danserons à mes noces, nous aurons un festin de quinze jours ; nous serons graves pour nous amuser. Le beau sexe est laid à Tranquebar, à cause des Danois, mais il y aura quelque créole charmante pour faire exception ; tu t'en empareras, et nous désolerons Tranquebar... Allons, tout marche bien... Adieu Madras !... Va te reposer, Gabriel ; va, mon ami... je terminerai bientôt toutes nos petites affaires... J'écrirai quelques lignes diplomatiques à Mounoussamy pour donner un prétexte humain à notre départ précipité..... Je verrai lord Cornwallis... je le prierai d'expédier, en ton nom, les seize peaux de tigres à M. de Lacépède, à Paris... Diable ! il ne faut pas perdre ce trésor !... Quant à nos bagages, nous sommes à l'état de Bias ; la flamme de ce Goulab nous a tout dévoré. Je songerai à l'indispensable. Ne te mêle de rien. Dors. Étourdis-toi. Dans quelques heures nous danserons à la pointe des vagues, au golfe du Bengale, cette mer qui continue le Gange. Tu verras comme une passion est petite quand on la regarde du haut de l'Océan indien ! On rougit de soi ; on se fait des excuses ; on se livre aux embrassements amoureux de cette puissante nature, fille de Dieu, qui vous berce sur un lit de perles et de corail. Voilà une épouse digne de toi ! Je te la livre dans une heure ; celle-là ne te demande pas un tapis de tigres pour sa chambre nuptiale ; elle t'inondera de voluptés divines ; elle roulera des flots d'azur à tes pieds, des flots d'étoiles sur ta tête, des brises de parfums dans tes cheveux. Allons, adieu ; relève-toi ! Un instant, et je te reviens ; mes mains dans tes mains.

L'ardente parole de l'amitié retrempa Gabriel, le rendit à la vie, le renouvela. — Quand un désespoir s'accomplit, un ami a manqué. — Gabriel fut étonné de découvrir, au fond de son âme, un courage suffisant pour s'éloigner et vivre : Klerbbs, à son retour, le trouva prêt au sacrifice. La voile frissonnait aux mâts ; de petites vagues bleues, pailletées de grains de soleil, arrivaient, harmonieuses, comme des cascades de perles ; les pavillons riaient dans l'air ; les matelots chantaient sur les vergues ; les oiseaux de mer et les chaloupes ailées rasaient ensemble l'onde bengalienne. La joie tombait du ciel en rosée lumineuse ; le soleil semblait se baigner dans le golfe, comme le roi de l'Inde à son lever.

— Mon ami, dit Klerbbs en montant l'échelle du vaisseau, ceux qui sont morts, frappés au cœur par une passion, avaient de la boue au seuil de leur maison et du brouillard sur leurs toits.

L'enchantement de la traversée livra les deux amis à la contemplation, et ne leur permit d'échanger que des phrases intermittentes sans intérêt.

On arriva bientôt à Pondichéry. Il y avait déjà tout un monde entre cette ville et le lac d'Héva.

Gabriel entrait en convalescence.

Sir Edward, accompagné de Gabriel, se rendit, en arrivant à Pondichéry, chez le consul anglais pour lui faire sa visite. On lui répondit à l'*Office* que le consul était parti pour Tranquebar sur l'invitation de son collègue, sir Douglas, qui célébrait le mariage de sa fille.

— Il n'y a pas de temps à perdre, dit Klerbbs à Gabriel. Les invités arrivent avant nous. Heureusement, la cérémonie ne peut se faire sans moi.

Et, s'adressant au *clerk*, Edward lui fit cette question :

— A-t-on dit quel jour le mariage aurait lieu?

— Il a été célébré hier, répondit le *clerk*.

— Hier! s'écria Edward. Il a donc été célébré sans l'époux?

— C'est le consul qui a accompagné sir Wales chez son beau-père.

— Qu'est-ce que sir Wales? demanda Edward.

— C'est le gendre de sir Douglas, le père de miss Erminia.

— Ah! voilà du neuf! Sir Wales! celui que j'ai blessé à Bengalore... il s'est piqué! je lui avais pris sa statue, il m'a pris ma femme. J'aime mieux mon lot.

Klerbbs salua et sortit avec Gabriel.

— Mon cher, lui dit-il en descendant l'escalier, le beau-père m'a tenu rigueur. Je m'y attendais. A ton tour de me consoler maintenant. Nous voilà de pair dans l'infortune de l'amour! Au fond, j'en suis bien aise, ne serait-ce que pour te donner l'exemple d'une héroïque résignation.

— Ah! tu ne l'aimais pas, toi, cette femme! dit Gabriel avec un accent qui trahissait une douleur encore vive.

— Gabriel! dit Klerbbs d'un ton de Mentor irrité, voilà un soupir qui ne me plaît pas! Point de rechute, entends-tu?... Je vais t'imposer un dernier remède qui sera souverain, et dont je prendrai ma part.

— Quel remède? demanda Gabriel timidement.

— Il est affiché là, en gros caractère, au coin de la rue Suffren... Lis... *Sous charge pour le Havre, le beau trois-mâts* l'Alcide... Il part ce soir, ce beau *trois-mâts!* O bonheur! Ce soir nous serons sur la grande route de Paris!

— Allons payer notre passage! dit Gabriel d'un ton violemment résolu.

— Bravo! s'écria Edward, le Rubicon est passé!

---

Cinq mois après le départ de l'*Alcide*, on lisait dans la chronique du *Journal des Savants* :

« Le jeune et hardi voyageur Gabriel de Nancy est
» arrivé de l'Inde, après avoir exploré la presqu'île du
» Gange dans l'intérieur, et côtoyé Malabar et Coroman-
» del. La science ornithologique sera redevable à M. Ga-
» briel de Nancy de quelques découvertes précieuses.
» Le rapport qu'il a présenté à l'Institut prouve évidem-
» ment que le *Turracus albus* appartient à l'Afrique
» méridionale, et que l'Inde ne possède aucun individu
» de cette espèce. L'infatigable voyageur a apporté seize
» superbes tigres du Bengale morts, et parfaitement
» conservés, grâces aux ingénieux procédés de la So-
» ciété de Taxidermie établie à Madras. Le ministre,
» pour reconnaître le zèle de M. Gabriel de Nancy, va
» lui confier une nouvelle mission. Notre intrépide voya-
» geur, muni d'instructions précieuses, partira bientôt
» pour visiter le midi de l'Afrique, depuis le cap de
» Bonne-Espérance jusqu'au Zanguebar. On ne saurait
» confier en de meilleures mains les intérêts de la
» science ornithologique. »

FIN.

---

Coulommiers. — Imprimerie de A. Moussin.

www.ingramcontent.com/pod-product-compliance
Lightning Source LLC
Chambersburg PA
CBHW050651170426
43200CB00008B/1250